簿記原理
トレーニング

岩﨑健久 監修　金子善行 編集

西山一弘・増田里香・坂内慧 著

BOOKKEEPING

中央経済社

はしがき

　本書は，簿記を初めて学ぶ学生を対象として，日本商工会議所が主催する簿記検定試験（日商簿記）の3級の内容を1年かけて学習することができるように作成された問題集である。

　日商簿記3級の内容を取り扱う問題集は数多く存在するが，当然のことながら，それらは大学での講義を念頭に置いて作成されたものではない。それでも半期で日商簿記3級の内容を取り扱うのであれば特段の支障は生じないかもしれないが，1年をかけて着実に日商簿記3級の内容を学習しようとする場合，特に前期では単元ごとの基礎的な項目を学習してもらいたいにもかかわらず，一般的な日商簿記3級の問題集は必ずしもそのような構成ではなく使い勝手が良くなかった。また，近年の日商簿記検定が難化傾向にあることから問題集の内容も難化しており，簿記の初学者には難しい問題が散見された。

　そこで，本書は，日商簿記3級の内容を1年かけて着実に学習することができるように2部構成とし，第Ⅰ部「導入編」では，日商簿記3級の内容のうち，前期に学んでおいてもらいたい各単元の基礎的な項目をピックアップし，決算（財務諸表の作成）までの簿記の一巡を取り扱うことにした。続く第Ⅱ部「基礎編」では，第Ⅰ部「導入編」の復習を織り交ぜつつ，日商簿記3級の内容のうち，決算を含め各単元の応用的な項目を取り扱うことにした。このように，本書は，最終的に1年かけて決算までの簿記の一巡を2回転することができるように構成されており，簿記に対する理解を学生に定着させることを意図している。なお，半期の講義で本書を使用し，日商簿記3級の内容を学習する場合であっても，上記の趣旨は妥当すると思われる。

　また，本書では，各問題に対し重要度（★）によるランク付けを行うことで問題の優先順位を明示するとともに，基礎的な問題を数多く収録する一方，日商簿記3級の内容をバランス良く網羅的に取り上げることで，簿記の初学者にとっても学習のしやすい問題集となるように配慮している。問題を解く際には，重要度の高い問題を中心に取り組んでもらえると，効率的に学習することができるはずである。

　本書を公刊するにあたり，株式会社中央経済社の山本継代表取締役社長および同社・学術書編集部の長田烈氏に問題集の企画，立案，校正等に際し，お力添えをいただいた。ここに記して感謝申し上げる。

2023年2月

岩﨑健久・金子善行

目　　次

【重要度の意味】

★★★ ………… 必ず解いて欲しい問題

★★☆ ………… なるべく解いて欲しい問題

★☆☆ ………… 余力があれば解いて欲しい問題

第 I 部　導入編

第Ⅱ部　基礎編

第 I 部

導入編

第1章

簿記の基礎

1-1　貸借対照表と損益計算書の構成要素　★★★

次の貸借対照表と損益計算書の空欄①～⑤に当てはまる用語を答えなさい。

①		②		③	
④		⑤			

1-2　勘定科目の分類　★★★

次の勘定科目を貸借対照表と損益計算書の構成要素別に分類しなさい。

【勘定科目】

現　　　　　金	当 座 預 金	普 通 預 金	売　掛　金
備　　　　　品	買　掛　金	借　入　金	資　本　金
売　　　　　上	受 取 手 数 料	受 取 家 賃	受 取 地 代
仕　　　　　入	給　　　料	広 告 宣 伝 費	支 払 手 数 料
旅 費 交 通 費	通　信　費	水 道 光 熱 費	支 払 家 賃
支 払 地 代	保　険　料	消 耗 品 費	雑　　　費

構成要素	勘定科目
資　　　産	
負　　　債	
純資産（資本）	
収　　　益	
費　　　用	

1 － 3 　損益計算書と貸借対照表の作成　★★★

　個人企業である東京商店の期中（×1年 1 月 1 日から×1年12月31日までの 1 年間）の収益・費用と期末（×1年12月31日）における資産・負債・純資産（資本）は次の資料のとおりであった。この資料にもとづいて，損益計算書と貸借対照表を作成しなさい。

【資料】

期中の収益・費用

受 取 手 数 料	¥900,000	給 　 料	¥300,000	通 信 費	¥50,000
水 道 光 熱 費	¥100,000	支 払 家 賃	¥250,000	消 耗 品 費	¥150,000

期末の資産・負債・純資産（資本）

現 　 金	¥450,000	当 座 預 金	¥600,000	借 入 金	¥400,000
資 本 金	¥650,000				

損 益 計 算 書

自　×1年 1 月 1 日　至　×1年12月31日

費　　用	金　　額	収　　益	金　　額
合計		合計	

貸 借 対 照 表

×1年12月31日

資　　産	金　　額	負債・純資産	金　　額
合計		合計	

1－4 **資本の元入れと利益の振替え（個人企業）** ★★★

次の一連の取引について答えなさい。

(1) 資本の元入れ

1月1日 個人企業である東京商店の設立にあたり，現金￥600,000と備品￥400,000を元入し，営業を開始した。開業時における貸借対照表を作成しなさい。なお，会計期間は×1年1月1日から×1年12月31日までの1年間とする。

貸 借 対 照 表
×1年1月1日

資　　産	金　　額	負債・純資産	金　　額
		資　本　金	
合計		合計	

(2) 利益の振替え

12月31日 1年間の営業活動の結果，東京商店の当期純利益は￥220,000であった。これをもとに，決算日における貸借対照表の空欄を埋めなさい。

貸 借 対 照 表
×1年12月31日

資　　産	金　　額	負債・純資産	金　　額
現　　　　金	900,000		
備　　　　品	320,000		
合計		合計	

1 - 5　　損益計算書と貸借対照表の関係①　　★★★

　次の資料の①から③に当てはまる金額を答えなさい。ただし，会計期間中の元入れと引出しによる資本金の増減はないものとする。なお，（？）については各自推定すること。また，金額の単位は円である。

【資料】

期首貸借対照表

資産	負債	純資産（資本）
300,000	160,000	①

期末貸借対照表

資産	負債	純資産（資本）
（？）	180,000	③

損益計算書

収益	費用	当期純利益
600,000	580,000	②

①	円	②	円	③	円

1 - 6　　損益計算書と貸借対照表の関係②　　★★☆

　次の資料の①から③に当てはまる金額を答えなさい。ただし，会計期間中の元入れと引出しによる資本金の増減はないものとする。なお，（？）については各自推定すること。また，金額の単位は円である。

【資料】

貸借対照表

Ⅰ　資産・負債・純資産(資本)項目	×1年度期首	×1年度期末
1　資産項目		
現　　　　　　　金	（　？　）	（　？　）
当　座　預　金	250,000	320,000
備　　　　　　品	600,000	480,000
資産合計	（　？　）	（　①　）
2　負債項目		
借　　入　　金	650,000	750,000
3　純資産（資本）項目		
資　　本　　金	（　②　）	450,000
負債・資本合計	（　？　）	（　？　）

損益計算書

Ⅲ　収益・費用項目	×1年度
1　収益項目	
受　取　手　数　料	（　③　）
2　費用項目	
給　　　　　　料	550,000
減　価　償　却　費	120,000
通　　信　　費	150,000
支　払　家　賃	240,000
保　　険　　料	100,000
消　耗　品　費	110,000
3　当期純利益	50,000

①	円	②	円	③	円

第❷章

簿記の一巡

2−1　簿記上の取引　★★★

　次の①から⑥の取引について，簿記上の取引であるものについては「○」を，そうでないものには「×」を記入しなさい。

① 銀行から現金￥300,000を借り入れた。
② 月給￥250,000の契約で，従業員を採用した。
③ 現金￥50,000を普通預金口座に預け入れた。
④ 倉庫にあった商品￥300,000が盗難にあった。
⑤ 得意先と商品￥100,000の売買契約を結んだ。
⑥ 火災によって倉庫（帳簿価額￥1,000,000）が全焼した。

①		②		③		④		⑤		⑥	

2−2　取引の仕訳（略式）　★★★

次の①から⑥の取引について仕訳を示しなさい。

① 個人企業である東京商店の設立にあたり，現金￥1,000,000を元入し，営業を開始した。
② 取引銀行である新宿銀行から現金￥500,000を借り入れた。
③ 不動産売買の仲介を行い，手数料として現金￥300,000を受け取った。
④ 所有する建物の当月分の家賃￥150,000を現金で受け取った。
⑤ 広告用のチラシ代￥50,000を現金で支払った。
⑥ 当月分の水道光熱費￥18,000を現金で支払った。

	借方科目	金　額	貸方科目	金　額
①				
②				
③				
④				
⑤				
⑥				

2 － 3　勘定への転記（略式）　★★★

　次の取引に関する仕訳を総勘定元帳の勘定口座（略式）に転記しなさい。なお，勘定口座の ［　］ には相手勘定を，（　）には金額を記入すること。

1 月 1 日　個人企業である東京商店の設立にあたり，現金 ¥700,000 と備品 ¥300,000 を元入し，営業を開始した。

（借）現　　　　　金　　700,000　　（貸）資　　本　　金　　1,000,000
　　　備　　　　　品　　300,000

　 5 日　現金 ¥200,000 を普通預金口座に預け入れた。

（借）普　通　預　金　　200,000　　（貸）現　　　　　金　　200,000

総 勘 定 元 帳

現　　金

1/ 1 ［　　　　　　］（　　　　　　）｜ 1/ 5 ［　　　　　　］（　　　　　　）

普 通 預 金

1/ 5 ［　　　　　　］（　　　　　　）｜

備　　品

1/ 1 ［　　　　　　］（　　　　　　）｜

資 本 金

　　　　　　　　　　　　　　　　｜ 1/ 1 ［　　　　　　］（　　　　　　）

2－4　仕訳帳への記入と総勘定元帳への転記（標準式）　★★☆

次の取引に関する仕訳を仕訳帳に記入するとともに，総勘定元帳の勘定口座（標準式）に転記しなさい。

1月5日　取引銀行である新宿銀行から現金¥2,000,000を借り入れた。

　　10日　川崎商店から備品¥300,000を購入し，代金は現金で支払った。

仕　訳　帳　　　　1

×1年		摘　　要	元丁	借　方	貸　方
1	5	（　　　　　）			
		（　　　　　）			
		新宿銀行から借り入れ			
	10	（　　　　　）			
		（　　　　　）			
		備品の購入			

総　勘　定　元　帳

現　金　　　　1

×1年		摘　要	仕丁	借　方	×1年		摘　要	仕丁	貸　方
1	1	前　期　繰　越	✓	950,000					

備　品　　　　6

×1年		摘　要	仕丁	借　方	×1年		摘　要	仕丁	貸　方
1	1	前　期　繰　越	✓	200,000					

借　入　金　　　　10

×1年		摘　要	仕丁	借　方	×1年		摘　要	仕丁	貸　方
					1	1	前　期　繰　越	✓	800,000

２－５　残高試算表の作成　★★★

　次の東京商店（×1年１月１日営業開始）における１月中の総勘定元帳の勘定記録から，１月末の残高試算表を作成しなさい。

総 勘 定 元 帳

現　　金

1/ 1 資 本 金	2,000,000	1/ 5 普通預金	1,400,000
4 借 入 金	800,000	8 消耗品費	100,000
10 受取手数料	1,600,000	15 支払家賃	700,000
20 受取手数料	50,000		

普 通 預 金

| 1/ 5 現　　金 | 1,400,000 | 1/15 水道光熱費 | 20,000 |
| 20 受取手数料 | 150,000 | 25 給　料 | 900,000 |

借　入　金

| | | 1/ 4 現　　金 | 800,000 |

資　本　金

| | | 1/ 1 現　　金 | 2,000,000 |

受取手数料

| | | 1/10 現　　金 | 1,600,000 |
| | | 20 諸　口 | 200,000 |

給　　料

| 1/25 普通預金 | 900,000 | | |

水道光熱費

| 1/15 普通預金 | 20,000 | | |

支 払 家 賃

| 1/15 現　　金 | 700,000 | | |

消 耗 品 費

| 1/ 8 現　　金 | 100,000 | | |

残 高 試 算 表
×1年１月31日

借　　方	勘 定 科 目	貸　　方
	現　　　　金	
	普 通 預 金	
	借　入　金	
	資　本　金	
	受 取 手 数 料	
	給　　　料	
	水 道 光 熱 費	
	支 払 家 賃	
	消 耗 品 費	

2-6　損益計算書と貸借対照表の作成　★★★

　次の神奈川商店における期末（×1年12月31日）の残高試算表から，損益計算書と貸借対照表を作成しなさい。

残 高 試 算 表
×1年12月31日

借　　　方	勘 定 科 目	貸　　　方
1,380,000	現　　　　　　　　金	
1,400,000	当　座　預　金	
900,000	普　通　預　金	
	借　　　入　　　金	1,500,000
	資　　　本　　　金	2,000,000
	受　取　手　数　料	3,000,000
1,000,000	給　　　　　　　料	
600,000	広　告　宣　伝　費	
120,000	通　　　信　　　費	
180,000	水　道　光　熱　費	
720,000	支　払　家　賃	
180,000	消　耗　品　費	
20,000	雑　　　　　　　費	
6,500,000		6,500,000

損 益 計 算 書
自　×1年1月1日　至　×1年12月31日

費　　用	金　　額	収　　益	金　　額
合計		合計	

貸 借 対 照 表
×1年12月31日

資　　産	金　　額	負債・純資産	金　　額
合計		合計	

第❸章

現金預金

3−1　現金取引の記録　★★★

次の①から⑤の取引について仕訳を示しなさい。

① 東京商店は，千葉商店に土地を貸与し，当月分の地代¥100,000を現金で受け取った。

② 当月分の保険料¥30,000を現金で支払った。

③ 取引先において不要となった備品の処分を行い，手数料¥50,000を取引先振出しの小切手で受け取った。

④ 1箱¥2,000のコピー用紙を10箱購入し，代金はかつて得意先より受け取っていた小切手で支払った。

⑤ 当月分の家賃として，送金小切手¥150,000を受け取った。

	借 方 科 目	金　　額	貸 方 科 目	金　　額
①				
②				
③				
④				
⑤				

3−2　当座預金取引の記録　★★★

次の①から⑤の取引について仕訳を示しなさい。

① 現金¥150,000を取引銀行である新宿銀行の当座預金口座に預け入れた。

② 当座預金口座から現金¥200,000を引き出した。

③ 雑誌への広告掲載料として，出版社に¥250,000を小切手を振り出して支払った。

④ 不動産売買の仲介を依頼した取引先に対して，手数料¥28,000を小切手を振り出して支払った。

⑤ 当店が保有するビルに入居しているテナントの当月分の家賃¥180,000について，代金はかつて当店が振り出した小切手で受け取った。

	借 方 科 目	金 　 額	貸 方 科 目	金 　 額
①				
②				
③				
④				
⑤				

3－3　　その他の預金取引の記録　　★★☆

次の①から④の取引について仕訳を示しなさい。

①　現金￥700,000を取引銀行である新宿銀行の普通預金口座に預け入れた。

②　当月分の家賃￥150,000を取引銀行である新宿銀行の普通預金口座から支払った。

③　現金￥200,000を取引銀行である新宿銀行の定期預金口座に預け入れた。

④　定期預金￥500,000が満期となり，利息￥10,000とともに現金で払戻しを受けた。

	借 方 科 目	金 　 額	貸 方 科 目	金 　 額
①				
②				
③				
④				

3－4　複数口座を開設している場合の記録　★☆☆

次の①から⑤の取引について仕訳を示しなさい。なお，仕訳に際しては「普通預金〇〇銀行」，「当座預金〇〇銀行」という勘定科目を用いること。

① 現金¥600,000を取引銀行であるX銀行の普通預金口座に預け入れた。
② 水道光熱費¥15,000をX銀行の普通預金口座から支払った。
③ 現金¥250,000を取引銀行であるY銀行の当座預金口座に預け入れた。
④ 事務用の消耗品¥35,000を購入し，代金はY銀行における当座預金口座の小切手を振り出して支払った。
⑤ X銀行の普通預金口座から，Y銀行の当座預金口座に¥200,000を振り込んだ。その際，振込手数料¥200がX銀行の普通預金口座から引き落とされた。

	借 方 科 目	金 額	貸 方 科 目	金 額
①				
②				
③				
④				
⑤				

3－5　現金預金取引の記録（仕訳と転記）　★★★

次の取引に関する仕訳を示すとともに，総勘定元帳の勘定口座（略式）に転記しなさい。なお，勘定口座の［　］には相手勘定を，（　）には金額を記入すること。

1月4日　取引銀行である新宿銀行から現金¥300,000を借り入れた。
　　5日　新宿銀行と当座取引契約を結び，現金¥500,000を当座預金口座に預け入れた。
　　10日　事務用の消耗品¥90,000を購入し，代金は現金で支払った。
　　14日　得意先に当店の取引先を紹介し，手数料として¥60,000を得意先振出しの小切手で受け取った。
　　20日　当月分のインターネット代¥10,000について，代金はかねて得意先より受け取っていた小切手で支払った。
　　25日　当月分の家賃¥100,000について，代金は小切手を振り出して支払った。

	借方科目	金　額	貸方科目	金　額
1/ 4				
5				
10				
14				
20				
25				

総 勘 定 元 帳

現　　金

1/ 1　前 期 繰 越　600,000	1/ 5　[　　　]　(　　　)
4　[　　　]　(　　　)	10　[　　　]　(　　　)
14　[　　　]　(　　　)	20　[　　　]　(　　　)

当 座 預 金

1/ 5　[　　　]　(　　　)　｜　1/25　[　　　]　(　　　)

借 入 金

　　　　　　　　　　　　｜　1/ 1　前 期 繰 越　700,000
　　　　　　　　　　　　｜　4　[　　　]　(　　　)

受取手数料

　　　　　　　　　　　　｜　1/14　[　　　]　(　　　)

支 払 家 賃

1/25　[　　　]　(　　　)

消 耗 品 費

1/10　[　　　]　(　　　)

通 信 費

1/20　[　　　]　(　　　)

第④章

商品売買

4−1 商品売買取引の記録（現金預金取引） ★★★

次の①から④の取引について仕訳を示しなさい。なお，商品売買取引の記帳方法は3分法によること。

① 長野商店から商品¥150,000を仕入れ，代金は現金で支払った。
② 栃木商店から商品¥200,000を仕入れ，代金は小切手を振り出して支払った。
③ 千葉商店へ商品を¥300,000で売り渡し，代金は送金小切手で受け取った。
④ 埼玉商店へ商品を¥120,000で売り渡し，代金は同店振出しの小切手で受け取った。

	借 方 科 目	金　　額	貸 方 科 目	金　　額
①				
②				
③				
④				

4−2 商品売買取引の記録（掛取引） ★★★

次の①から⑥の取引について仕訳を示しなさい。なお，商品売買取引の記帳方法は3分法によること。

① 岩手商店から商品¥210,000を仕入れ，代金は掛けとした。
② 福島商店へ商品を¥130,000で売り渡し，代金は掛けとした。
③ 秋田商店から商品¥350,000を仕入れ，代金のうち¥150,000は小切手を振り出して支払い，残額は掛けとした。
④ 神奈川商店へ商品を¥250,000で売り渡し，代金のうち¥140,000は現金で受け取り，残額は掛けとした。
⑤ 岩手商店に対する買掛金のうち¥80,000を決済し，代金は現金で支払った。
⑥ 福島商店に対する売掛金のうち¥100,000を回収し，代金は同店振出しの小切手で受け取った。

	借方科目	金　額	貸方科目	金　額
①				
②				
③				
④				
⑤				
⑥				

4－3　仕入諸掛　★★★

次の①と②の取引について仕訳を示しなさい。なお，商品売買取引の記帳方法は3分法によること。

① 熊本商店から商品￥300,000を仕入れ，代金は小切手を振り出して支払った。なお，引取運賃（当店負担）￥6,000は現金で支払った。
② 鹿児島商店から商品￥260,000を仕入れ，代金は掛けとした。なお，引取運賃（当店負担）￥5,000は現金で支払った。

	借方科目	金　額	貸方科目	金　額
①				
②				

4－4　返品（仕入戻し，売上戻り）　★★★

次の①と②の取引について仕訳を示しなさい。なお，商品売買取引の記帳方法は3分法によること。

① 広島商店から仕入れた商品のうち￥20,000を品質不良のため返品し，掛代金から差し引いた。
② 千葉商店に売り渡した商品のうち￥50,000が品違いのため返品され，掛代金から差し引いた。

	借方科目	金　額	貸方科目	金　額
①				
②				

4 − 5　売上原価の計算　★★★

　当期から営業を開始した東京商店（会計期間：×1年1月1日～×1年12月31日）の期末商品棚卸高は¥200,000であった。当期末における売上原価の計算に関する仕訳を示すとともに，総勘定元帳の勘定口座（略式）への転記を行い，売上原価の金額を答えなさい。なお，当店は売上原価の計算を仕入勘定で行っている。また，勘定口座の［　］には相手勘定を，（　）には金額を記入すること。

借 方 科 目	金　　　額	貸 方 科 目	金　　　額

総　勘　定　元　帳

仕　入

1/1～12/31　諸	口	1,500,000	12/31　［　　　　］（　　　　）

繰 越 商 品

12/31　［　　　　］（　　　　）	

売 上 原 価 の 金 額	¥

4 − 6　クレジット売掛金　★★★

次の①と②の取引について仕訳を示しなさい。なお，商品売買取引の記帳方法は3分法によること。

① 京都商店に商品¥200,000をクレジット払いの条件で売り渡した。なお，信販会社への手数料¥6,000は販売時に計上する。

② 上記①の販売代金について，信販会社から手数料を差し引かれた残額が当店の当座預金口座に振り込まれた。

	借 方 科 目	金　　　額	貸 方 科 目	金　　　額
①				
②				

第 5 章

手形と電子記録債権債務

5－1　手形の振出しと支払い　★★★

次の一連の取引について仕訳を示しなさい。

① 商品¥10,000を仕入れ，代金は約束手形を振り出して渡した。

② ①の約束手形の代金を当座預金口座から支払った。

	借 方 科 目	金 　 額	貸 方 科 目	金 　 額
①				
②				

5－2　手形の受入れと取立て　★★★

次の一連の取引について仕訳を示しなさい。

① 商品¥30,000を売り渡し，代金は先方振出しの約束手形で受け取った。

② 取引銀行から①の約束手形の代金を当座預金口座に入金した旨の通知を受けた。

	借 方 科 目	金 　 額	貸 方 科 目	金 　 額
①				
②				

5－3　手形の振出しと受入れ　★★★

次の取引について，栃木商店と山梨商店の仕訳を示しなさい。

栃木商店は山梨商店に商品を¥350,000で売り渡し，代金のうち¥200,000を山梨商店振出しの約束手形で受け取り，残額は掛けとした。なお，当該商品の引取運賃¥1,000は山梨商店が現金で支払った。

	借 方 科 目	金 額	貸 方 科 目	金 額
栃木商店				
山梨商店				

5－4　手形の取立てと支払い　★★★

次の一連の取引について，埼玉商店と千葉商店の仕訳を示しなさい。

① 埼玉商店は千葉商店から商品¥6,000を仕入れ，代金として約束手形¥6,000を振り出して千葉商店へ渡した。

② 千葉商店は，取引銀行から埼玉商店振出しの約束手形の代金¥6,000を当座預金口座に入金した旨の通知を受けた。

		借 方 科 目	金 額	貸 方 科 目	金 額
埼玉商店	①				
	②				
千葉商店	①				
	②				

5 - 5　電子記録債権と電子記録債務　★★☆

次の一連の取引について仕訳を示しなさい。

① 当店は，埼玉商店に対する売掛金¥500,000について，電子債権記録機関に債権の発生記録の請求を行い，埼玉商店はこれを承諾した。

② 当店は，東京商店に対する買掛金¥150,000について，取引銀行を通じて電子記録債務の発生記録の通知を受け，これを承諾した。

③ ①の電子記録債権が決済され，¥500,000が当座預金口座に振り込まれた。

④ ②の電子記録債務の支払期日が到来し，¥150,000が当座預金口座から支払われた。

	借 方 科 目	金　　額	貸 方 科 目	金　　額
①				
②				
③				
④				

第**6**章

その他の債権債務

6－1　貸付金と借入金　★★★

次の一連の取引について，当店と青山商店の仕訳を示しなさい。

① 当店は青山商店に対し¥3,000,000を，期間1年，利率年2.5%の条件で貸し付け，小切手を振り出して同店に渡した。

② 満期日になり，当店は青山商店より貸付金の回収とともに利息を同店振出しの小切手で受け取り，受け取った小切手を直ちに当座預金口座に預け入れた。

		借方科目	金　　額	貸方科目	金　　額
当店	①				
	②				
青山商店	①				
	②				

6－2　未収入金と未払金　★★★

次の①から④の取引について仕訳を示しなさい。

① 東京商店は土地¥500,000を購入し，代金は月末に支払うことにした。

② 東京商店は①の土地の購入代金¥500,000を本日，現金で支払った。

③ 当店は，同業の埼玉商事に帳簿価額¥300,000の土地を帳簿価額と同額で売却し，代金は月末に受け取ることにした。

④ 月末になり，当店は③の土地の売却代金を埼玉商事から同社振出しの小切手で受け取った。

	借方科目	金　　額	貸方科目	金　　額
①				
②				
③				
④				

6－3　前払金と前受金　★★★

次の①から④の取引について仕訳を示しなさい。

① 埼玉商店は，千葉商店に商品¥200,000を注文し，手付金として¥70,000を現金で支払った。

② 埼玉商店は，千葉商店から上記①で注文した商品¥200,000の引渡しを受け，代金のうち¥70,000は注文時に支払った手付金と相殺し，¥50,000は約束手形を振り出して支払い，残額を掛けとした。

③ 山梨商店は，得意先である栃木商店から商品¥320,000の注文を受け，内金として同店振出しの小切手¥180,000を受け取った。

④ 山梨商店は，栃木商店に上記③で注文を受けた商品¥320,000を引き渡し，内金¥180,000を差し引いた残額について，同店振出しの約束手形を受け取った。

	借方科目	金　　額	貸方科目	金　　額
①				
②				
③				
④				

6－4　立替金と預り金　★★★

次の①から④の取引について仕訳を示しなさい。

① 従業員に対して給料の前貸しとして現金¥50,000を渡した。

② 当月分の従業員給料¥180,000を支給するにあたり，所得税の源泉徴収額¥3,600を差し引き，残額は普通預金口座から支払った。

③ 当月分の従業員給料¥150,000を支給するにあたり，給料の前貸し¥30,000と所得税の源泉徴収額¥3,000を差し引き，残額は普通預金口座から支払った。

④ 所得税の源泉徴収額¥6,000を税務署に現金で納付した。

	借 方 科 目	金　　額	貸 方 科 目	金　　額
①				
②				
③				
④				

6－5　仮払金と仮受金　★★★

次の一連の取引について仕訳を示しなさい。

① 従業員の出張に際し，旅費交通費の概算額￥50,000を現金で渡した。

② 出張先の従業員から普通預金口座に￥30,000の振込みがあったが，その内容は不明である。

③ 従業員が出張から戻り，②の入金は千葉商店に対する売掛金の回収であることが判明した。

④ 従業員の旅費交通費を精算した結果，残金￥3,000を現金で受け取った。

	借 方 科 目	金　　額	貸 方 科 目	金　　額
①				
②				
③				
④				

第 **7** 章

有形固定資産

7－1　有形固定資産の取得　★★★

次の①から③の取引について仕訳を示しなさい。

① 営業用の建物￥6,700,000を購入し，代金は小切手を振り出して支払った。なお，不動産会社への手数料￥200,000と登記料￥100,000は現金で支払った。
② 備品￥145,000を購入し，送料￥5,000とともに小切手を振り出して支払った。
③ 営業用自動車￥2,700,000を購入し，代金は納車費用￥50,000とともに現金で支払った。

	借 方 科 目	金　　額	貸 方 科 目	金　　額
①				
②				
③				

7－2　有形固定資産の減価償却　★★★

次の①から③の取引について仕訳を示しなさい。なお，減価償却の記帳方法は間接法によること。

① 7－1①で取得した建物について，減価償却費￥280,000を計上した。
② 7－1②で取得した備品について，減価償却費￥30,000を計上した。
③ 7－1③で取得した営業用自動車について，減価償却費￥550,000を計上した。

	借 方 科 目	金　　額	貸 方 科 目	金　　額
①				
②				
③				

7-3　有形固定資産の売却　★★★

次の①と②の取引について仕訳を示しなさい。

①　土地（帳簿価額￥300,000）を￥500,000で売却し，代金は現金で受け取った。

②　土地（帳簿価額￥800,000）を￥700,000で売却し，代金は月末に受け取ることにした。

	借方科目	金　　額	貸方科目	金　　額
①				
②				

第 **8** 章

資本金と税金

8 － 1　　資本の引出し　★★☆

次の一連の取引について仕訳を示しなさい。なお，資本の引出しについては資本金勘定を用いること。

① 東京商店の店主は，個人の所得税￥150,000を店の現金で支払った。

② 店舗兼自宅建物にかかる水道光熱費￥18,000を現金で支払った。なお，そのうち住居部分に該当するのは4割である。

③ 東京商店の店主は、私的な目的で使用していた店の現金￥70,000を店に返却した。

	借 方 科 目	金　　額	貸 方 科 目	金　　額
①				
②				
③				

8 － 2　　租税公課　★★☆

次の①から③の取引について仕訳を示しなさい。

① 建物と土地にかかる固定資産税￥200,000の納税通知書を受け取り，全額を現金で納付した。

② 当年度の自動車税￥50,000を現金で納付した。

③ 収入印紙￥40,000と切手￥5,000を現金で購入した。

	借 方 科 目	金　　額	貸 方 科 目	金　　額
①				
②				
③				

第 9 章

伝票会計

9－1 3伝票制における起票 ★★★

次の取引について各伝票に起票しなさい。なお，掛代金の増減には人名勘定を用いないこと。

7月1日 埼玉商店に対する売掛金￥50,000を回収し，代金は現金で受け取った。
〃日 千葉商店に対する買掛金￥25,000を決済し，代金は現金で支払った。
〃日 当月分の通信費￥10,000を小切手を振り出して支払った。

入金伝票 ×1年7月1日	
科　目	金　額

出金伝票 ×1年7月1日	
科　目	金　額

振替伝票 ×1年7月1日			
借方科目	金　額	貸方科目	金　額

9－2 3伝票制における起票（一部振替取引） ★★★

次の取引について，⑴取引を分割する方法と⑵取引を擬制する方法のそれぞれで起票しなさい。なお，掛代金の増減には人名勘定を用いないこと。

取　引 8月1日に，東京商店から商品￥300,000を仕入れ，代金のうち￥100,000を現金で支払い，残額は掛けとした。なお，当店は商品売買取引を3分法により記帳している。

⑴ 取引を分割する方法

出金伝票 ×1年8月1日	
科　目	金　額

振替伝票 ×1年8月1日			
借方科目	金　額	貸方科目	金　額

(2)　取引を擬制する方法

振替伝票 ×1年8月1日					出金伝票 ×1年8月1日	
借方科目	金　額	貸方科目	金　額		科　　目	金　額

9－3　仕訳集計表の作成　★★★

　当店は3伝票制を採用しており，日々の取引を入金伝票，出金伝票および振替伝票に起票し，これを1週間ずつ集計して仕訳週計表を作成している。当店の×1年5月1日から5日の取引について作成された次の各伝票にもとづいて，仕訳週計表を作成しなさい。なお，当店は商品売買取引を3分法により記帳しており，取引を分割する方法により起票している。

入金伝票　No.101 ×1年5月1日	出金伝票　No.201 ×1年5月1日	振替伝票　No.301 ×1年5月2日
借　入　金　300,000	消耗品費　50,000	仕　入　80,000　買　掛　金　80,000（　熊本商店　）

入金伝票　No.102 ×1年5月3日	出金伝票　No.202 ×1年5月2日	振替伝票　No.302 ×1年5月4日
当座預金　60,000	仕　入　20,000	売　掛　金　130,000　売　上　130,000（　宮崎商店　）

入金伝票　No.103 ×1年5月4日	出金伝票　No.203 ×1年5月5日	振替伝票　No.303 ×1年5月5日
売　上　70,000	買　掛　金　40,000（　熊本商店　）	当座預金　70,000　売　掛　金　70,000（　宮崎商店　）

仕　訳　週　計　表
×1年5月5日

借　　方	勘　定　科　目	貸　　方
	現　　　　　金	
	当　座　預　金	
	売　　掛　　金	
	買　　掛　　金	
	借　　入　　金	
	売　　　　　上	
	仕　　　　　入	
	消　耗　品　費	

9－4　仕訳集計表の作成と総勘定元帳への転記　★★★

　当店は３伝票制を採用しており，日々の取引を入金伝票，出金伝票および振替伝票に起票し，これを毎日集計して仕訳日計表を作成し，総勘定元帳の各勘定口座に合計転記している。当店の×1年１月４日の取引について作成された次の各伝票にもとづいて，仕訳日計表を作成し，総勘定元帳の勘定口座（略式）に転記しなさい。ただし，勘定口座の［　］には転記元の名称を，（　）には金額を記入しなさい。なお，当店は商品売買取引を３分法により記帳しており，取引を擬制する方法により起票している。

入金伝票　No.101
×1年１月４日
売掛金　　150,000
（　千葉商店　）

入金伝票　No.102
×1年１月４日
売掛金　　120,000
（　東京商店　）

入金伝票　No.103
×1年１月４日
前受金　　60,000

出金伝票　No.201
×1年１月４日
通信費　　20,000

出金伝票　No.202
×1年１月４日
買掛金　　40,000
（　山梨商店　）

出金伝票　No.203
×1年１月４日
買掛金　　50,000
（　栃木商店　）

振替伝票	No.301
×1年１月４日	
仕入　　200,000	買掛金　　200,000
	（　山梨商店　）

振替伝票	No.302
×1年１月４日	
売掛金　　300,000	売上　　300,000
（　東京商店　）	

振替伝票	No.303
×1年１月４日	
備品　　130,000	未払金　　130,000

仕　訳　日　計　表
×1年１月４日

借　　方	勘 定 科 目	貸　　方
	現　　　　金	
	売　掛　金	
	備　　　品	
	買　掛　金	
	未　払　金	
	前　受　金	
	売　　　上	
	仕　　　入	
	通　信　費	

総 勘 定 元 帳

現　　金

1/ 1	前 期 繰 越	300,000	1/ 4	[　　　　]	(　　　　)	
4	[　　　　]	(　　　　)				

売 掛 金

1/ 1	前 期 繰 越	450,000	1/ 4	[　　　　]	(　　　　)	
4	[　　　　]	(　　　　)				

備　　品

1/ 1	前 期 繰 越	120,000	
4	[　　　　]	(　　　　)	

買 掛 金

1/ 4	[　　　　]	(　　　　)	1/ 1	前 期 繰 越	100,000	
			4	[　　　　]	(　　　　)	

未 払 金

1/ 1	前 期 繰 越	50,000	
4	[　　　　]	(　　　　)	

前 受 金

1/ 1	前 期 繰 越	70,000	
4	[　　　　]	(　　　　)	

売　　上

1/ 4	[　　　　]	(　　　　)	

仕　　入

1/ 4	[　　　　]	(　　　　)	

通 信 費

1/ 4	[　　　　]	(　　　　)	

第❿章

決算⑴試算表と精算表

10－1 合計試算表と残高試算表の作成 ★★★

　次の×1年4月1日から30日までの総勘定元帳の勘定記録から，4月末の⑴合計試算表と⑵残高試算表を作成しなさい。

総 勘 定 元 帳

現　　　金

4/ 1	資 本 金	600,000	4/ 1	備　　品	150,000
〃	借 入 金	330,000	18	備　　品	138,000
			25	水道光熱費	20,000
			27	支払家賃	145,000

売 掛 金

4/10	売　　上	200,000	4/21	売　　上	5,000
20	売　　上	250,000			

備　　品

4/ 1	現　　金	150,000
18	現　　金	138,000

買 掛 金

4/ 6	仕　　入	3,000	4/ 5	仕　　入	140,000
			15	仕　　入	93,000

借 入 金

		4/ 1	現　　金	330,000

資 本 金

		4/ 1	現　　金	600,000

売　　上

4/21	売 掛 金	5,000	4/10	売 掛 金	200,000
			20	売 掛 金	250,000

仕　　入

4/ 5	買 掛 金	140,000	4/ 6	買 掛 金	3,000
15	買 掛 金	93,000			

水道光熱費

4/25	現　　金	20,000

支 払 家 賃

4/27	現　　金	145,000

(1) 合計試算表

合 計 試 算 表
×1年 4 月30日

借 方 合 計	勘 定 科 目	貸 方 合 計
	現　　　　金	
	売　掛　金	
	備　　　　品	
	買　掛　金	
	借　入　金	
	資　本　金	
	売　　　　上	
	仕　　　　入	
	水 道 光 熱 費	
	支　払　家　賃	

(2) 残高試算表

残 高 試 算 表
×1年 4 月30日

借 方 残 高	勘 定 科 目	貸 方 残 高
	現　　　　金	
	売　掛　金	
	備　　　　品	
	買　掛　金	
	借　入　金	
	資　本　金	
	売　　　　上	
	仕　　　　入	
	水 道 光 熱 費	
	支　払　家　賃	

10−2 合計残高試算表の作成 ★★★

　次の(1)×1年8月29日の合計試算表と(2)×1年8月30日と31日の諸取引にもとづいて，×1年8月末の合計残高試算表を作成しなさい。なお，商品売買はすべて掛けで行われている。

(1)　×1年8月29日の合計試算表

合 計 試 算 表
×1年8月29日

借 方 合 計	勘 定 科 目	貸 方 合 計
505,000	現　　　　　金	190,000
710,000	当 座 預 金	380,000
280,000	受 取 手 形	116,000
800,000	売 　掛　 金	426,000
100,000	支 払 手 形	148,000
250,000	買 　掛　 金	336,000
75,000	未 　払　 金	90,000
	借 　入　 金	200,000
	資 　本　 金	680,000
48,000	売　　　　　上	888,000
476,000	仕　　　　　入	22,000
80,000	給　　　　　料	
150,000	支 払 家 賃	
2,000	支 払 利 息	
3,476,000		3,476,000

(2)　×1年8月30日と31日の諸取引

　　8月30日

　　　　　　仕入れ：東京商店　￥14,000

　　　　　　売上げ：秋田商店　￥18,000

　　　　　　借入金の返済：￥100,000を利息￥2,000とともに小切手を振り出して支払った。

　　　　　　手形代金の回収：約束手形￥50,000が満期となり，当座預金口座に振り込まれた。

　　　　　　手形代金の支払い：約束手形￥30,000が満期となり，当座預金口座から支払われた。

　　　31日

　　　　　　仕入れ：千葉商店　￥22,000

　　　　　　売上げ：宮城商店　￥36,000

　　　　　　給料の支払い：今月分の給料￥20,000を小切手を振り出して支払った。

　　　　　　売掛金の回収：秋田商店に対する売掛金￥80,000が当座預金口座に振り込まれた。

買掛金の支払い：千葉商店に対する買掛金￥90,000を約束手形を振り出して支払った。

合 計 残 高 試 算 表
×1年8月31日

借 方 残 高	借 方 合 計	勘 定 科 目	貸 方 合 計	貸 方 残 高
		現　　　　金		
		当 座 預 金		
		受 取 手 形		
		売 　 掛 　 金		
		支 払 手 形		
		買 　 掛 　 金		
		未 　 払 　 金		
		借 　 入 　 金		
		資 　 本 　 金		
		売　　　　上		
		仕　　　　入		
		給　　　　料		
		支 払 家 賃		
		支 払 利 息		

10-3 6桁精算表の作成 ★★★

次の総勘定元帳の勘定残高をもとに，精算表を完成させなさい。なお，当期純損益については（ ）に利益または損失のいずれか該当するものを記入すること。

現　　　金	¥432,000	普　通　預　金	¥192,000	売　　掛　　金	¥627,000
買　掛　金	¥240,000	借　　入　　金	¥96,000	資　　本　　金	¥840,000
売　　　上	¥1,650,000	受　取　手　数　料	¥45,000	仕　　　　　入	¥1,300,000
給　　　料	¥112,800	通　　信　　費	¥3,600	支　払　家　賃	¥202,400
支　払　利　息	¥1,200				

精 算 表 （単位：円）

勘 定 科 目	残高試算表		損益計算書		貸借対照表	
	借　方	貸　方	費　用	収　益	資　産	負債・純資産
現　　　金						
普　通　預　金						
売　掛　金						
買　掛　金						
借　入　金						
資　本　金						
売　　　上						
受取手数料						
仕　　　入						
給　　　料						
通　信　費						
支　払　家　賃						
支　払　利　息						
当期純（ ）						

第11章

決算⑵損益計算書と貸借対照表

11－1　損益計算書と貸借対照表の作成①　★★★

次の×2年3月31日における総勘定元帳の勘定残高をもとに，損益計算書と貸借対照表を作成しなさい。

現　　　　金	¥490,000	普 通 預 金	¥820,000	売　掛　金	¥690,000
買　掛　金	¥350,000	借　入　金	¥400,000	資　本　金	¥1,000,000
売　　　　上	¥3,500,000	仕　　　入	¥1,925,000	給　　　料	¥485,000
水 道 光 熱 費	¥120,000	支 払 家 賃	¥700,000	支 払 利 息	¥20,000

損　益　計　算　書
自　×1年4月1日　至　×2年3月31日

費　　用	金　額	収　　益	金　額
売 上 原 価		売 上 高	
当 期 純（　　）			
合計		合計	

貸　借　対　照　表
×2年3月31日

資　　産	金　額	負債・純資産	金　額
合計		合計	

11－2 損益計算書と貸借対照表の作成② ★★★

次の×2年３月31日の残高試算表をもとに，損益計算書と貸借対照表を作成しなさい。

残 高 試 算 表
×2年３月31日

借 方 残 高	勘 定 科 目	貸 方 残 高
1,350,000	現　　　　金	
1,460,000	当 座 預 金	
1,010,000	売 　掛　 金	
600,000	繰 越 商 品	
250,000	備　　　　品	
	買 　掛　 金	1,120,000
	借 　入　 金	1,500,000
	備品減価償却累計額	150,000
	資 　本　 金	1,800,000
	売　　　　上	4,000,000
1,400,000	仕　　　　入	
468,000	給　　　　料	
220,000	広 告 宣 伝 費	
154,000	旅 費 交 通 費	
50,000	減 価 償 却 費	
72,000	通 　信　 費	
66,000	水 道 光 熱 費	
1,320,000	支 払 家 賃	
120,000	保 　険　 料	
30,000	支 払 利 息	
8,570,000		8,570,000

損 益 計 算 書

自　×1年4月1日　至　×2年3月31日

費　　　用	金　　額	収　　　益	金　　額
当　期　純（　　）			
合計		合計	

貸 借 対 照 表

×2年3月31日

資　　　産	金　　額	負債・純資産	金　　額
商　　　　　品			
減 価 償 却 累 計 額	△		
合計		合計	

第II部

基礎編

第⓬章

現金預金

12−1　現金預金取引の復習　★★★

次の①から⑦の取引について仕訳を示しなさい。ただし，商品売買取引の記帳方法は３分法による。

① 商品の売上促進を目的としたPR記事を雑誌に掲載するため，出版社に¥200,000を現金で支払った。

② 当月の電話料金¥15,000が，普通預金口座より引き落とされた。

③ 取引銀行である池袋銀行に依頼し，当座預金口座の残高のうち¥400,000を定期預金とした。

④ 取引銀行である新宿銀行から¥500,000を借り入れ，当座預金口座に預け入れた。

⑤ 山梨商店に対する売掛金¥100,000を，同店振出しの小切手で受け取った。

⑥ 川崎商店に対する買掛金¥300,000を，小切手を振り出して支払った。

⑦ 川越商店へ商品を¥250,000で売り上げ，代金は当社が振り出した小切手で受け取った。

	借 方 科 目	金　　額	貸 方 科 目	金　　額
①				
②				
③				
④				
⑤				
⑥				
⑦				

12-2　現金出納帳の作成　★★☆

　次の5月中の取引を現金出納帳に記入して締め切りなさい。ただし，現金の前月繰越高は¥400,000である。

5月5日　川崎商店から売掛金¥120,000を回収し，現金を受け取った。

　　8日　千葉商店から商品¥100,000を仕入れ，代金は現金で支払った。

　　10日　西武商店へ商品を¥130,000で売り上げ，代金は同店振出しの小切手で受け取った。

　　18日　東京商店から商品¥300,000を仕入れ，代金のうち¥80,000は現金で支払い，残額は掛けとした。

　　25日　従業員に給料¥150,000を現金で支払った。

現　金　出　納　帳

2

×1年	摘　　要	収　　入	支　　出	残　　高

12-3 現金過不足の処理 ★★★

次の①から⑥の取引について仕訳を示しなさい。

① 現金の実際有高を調べたところ，帳簿残高より¥5,000超過していた。

② 調査の結果，上記①の超過額は，売掛金の回収額¥4,000の記帳漏れであることが判明した。残額は原因不明につき雑損または雑益として処理することとした。

③ 現金の実際有高を調べたところ，帳簿残高より¥7,000不足していた。

④ 調査の結果，上記③の不足額は，タクシー代の支払額¥4,000と買掛金の支払額¥2,500の記帳漏れであることが判明した。残額は原因不明のため雑損または雑益として処理することとした。

⑤ 現金の実際有高を調べたところ，帳簿残高より¥10,000不足していた。

⑥ 調査の結果，上記⑤の不足額のうち，通信費の支払額¥5,000，保険料の支払額¥8,000，手数料の受取額¥2,000の記帳漏れであることが判明した。残額は原因不明のため雑損または雑益として処理することとした。

	借方科目	金　額	貸方科目	金　額
①				
②				
③				
④				
⑤				
⑥				

12－4　　当座預金出納帳の作成　★★☆

　次の5月中の取引を当座預金出納帳に記入して締め切りなさい。ただし，当座預金の前月繰越高は￥700,000である。

　5月5日　神戸商店から商品￥300,000を仕入れ，代金は小切手を振り出して支払った。
　　11日　現金￥120,000を当座預金口座に預け入れた。
　　19日　葛飾商店に対する売掛金￥200,000を現金で回収し，ただちに当座預金口座へ預け入れた。
　　25日　当月分の家賃￥180,000について，小切手を振り出して支払った。

当 座 預 金 出 納 帳

2

×1年	摘　　要	預　　入	引　　出	借/貸	残　　高

12－5　　当座借越の処理　★★★

　次の①から③の一連の取引について仕訳を示しなさい。ただし，当座借越が生じる場合，期中は当座預金勘定でいったん処理しておき，期末に当座借越勘定に振り替えることとする。なお，会計期間は×1年4月1日から×2年3月31日までの1年間とする。

①　3月30日　買掛金￥500,000の支払いのために小切手を振り出した。なお，取引日における当座預金口座の残高は￥450,000であるが，取引銀行である新宿銀行と￥300,000を借越限度額とする当座借越契約を結んでいる。
②　3月31日　決算を迎えた。
③　4月1日　翌期になり，再振替仕訳を行った。

	借 方 科 目	金　　額	貸 方 科 目	金　　額
①				
②				
③				

12-6　小口現金　★☆☆

次の①から③の取引について仕訳を示しなさい。

① 7月1日　定額資金前渡法を採用し，7月第1週分の小口現金¥40,000を，小切手を振り出して用度係に渡した。

② 7月5日　用度係から，7月第1週分の支払明細について次のとおり報告を受けた。

　　　　　旅 費 交 通 費　¥16,000　消 耗 品 費　¥12,000

　　　　　通　　信　　費　¥7,000　雑　　　　　費　¥3,000

③ 7月5日　出納係が小切手を振り出して小口現金を補給した。

	借　方　科　目	金　　額	貸　方　科　目	金　　額
①				
②				
③				

12-7　小口現金出納帳の作成　★☆☆

　次の7月中の取引を小口現金出納帳に記入し，あわせて小口現金の補給および月末における締切りに関する記入を行いなさい。ただし，当社は定額資金前渡法を採用している。なお，小口現金の補給は小切手により月末に行われている。

　　7月8日　ノ ー ト 代　¥4,000

　　　15日　電　車　代　¥3,500

　　　24日　郵 便 切 手 代　¥5,000

小口現金出納帳　4

受　　入	×1年		摘　　　要	支　　払	内　　訳		
					通信費	旅費交通費	消耗品費
40,000	7	1	前月繰越				
			合　計				
		31	小切手を受入れ				
		〃	**次月繰越**				
	8	1	前月繰越				

第❶❸章

商品売買

13－1　商品売買取引の復習　★★★

次の①から⑥の取引について仕訳を示しなさい。なお，商品売買取引の記帳方法は3分法によること。

① 神奈川商事株式会社から商品¥400,000を仕入れ，代金は掛けとした。なお，引取運賃（当社負担）¥10,000は現金で支払った。

② 山梨商事株式会社へ商品を¥350,000で売り渡し，代金のうち¥150,000は現金で受け取り，残額は掛けとした。

③ 神奈川商事株式会社への買掛金のうち¥200,000を決済し，代金は小切手を振り出して支払った。

④ 山梨商事株式会社への売掛金のうち¥100,000を回収し，代金は同店振出しの小切手で受け取った。

⑤ 神奈川商事株式会社から仕入れた商品のうち¥50,000を品質不良のため返品し，掛代金から差し引いた。

⑥ 山梨商事株式会社に売り渡した商品のうち¥40,000が品違いのため返品され，掛代金から差し引いた。

	借方科目	金　　額	貸方科目	金　　額
①				
②				
③				
④				
⑤				
⑥				

13－2　売上諸掛　★★★

次の①と②の取引について仕訳を示しなさい。なお，商品売買取引の記帳方法は３分法によること。

① 当社は葛飾商店に商品を¥180,000で売り渡し，代金は掛けとした。なお，商品輸送に係る送料¥2,000については，当社が負担することとし，現金で支払った。

② 当社は川崎商店に商品を¥400,000で売り渡し，送料¥8,000を含めた合計額を掛けとした。また，同時に配送業者へ商品を引き渡し，送料¥8,000は小切手を振り出して支払った。

	借 方 科 目	金 　 額	貸 方 科 目	金 　 額
①				
②				

13－3　仕入帳と買掛金元帳　★★☆

次の４月中の取引を仕入帳と買掛金元帳に記入して締め切りなさい。なお，当社は商品売買に関する記帳方法は３分法によっている。

４月６日　東京商店から商品¥120,000（ワイシャツ30枚@¥4,000）を掛けで仕入れた。

７日　６日に仕入れた商品のうち，不良品¥20,000（ワイシャツ５枚@¥4,000）を返品し，掛代金から差し引いた。

15日　埼玉商店から商品¥150,000（紳士靴10足@¥15,000）を掛けで仕入れた。なお，引取運賃（当社負担）¥4,000は現金で支払った。

24日　埼玉商店から商品¥130,000（ネクタイ20本@¥3,000，カフス７個@¥10,000）を仕入れ，代金のうち¥50,000は小切手を振り出して支払い，残額は掛けとした。

28日　埼玉商店に対する買掛金のうち¥50,000を現金で支払った。

仕　入　帳

×1年	摘　要	内　訳	金　額

買　掛　金　元　帳

東京商店

×1年		摘　要	借　方	貸　方	借/貸	残　高
4	1	前 期 繰 越		300,000	貸	300,000

埼玉商店

×1年		摘　要	借　方	貸　方	借/貸	残　高
4	1	前 期 繰 越		270,000	貸	270,000

13－4 売上帳と売掛金元帳 ★★☆

次の4月中の取引を売上帳と売掛金元帳に記入して締め切りなさい。なお，当社は商品売買に関する記帳方法は3分法によっている。

4月7日 千葉商店へ商品を¥175,000（電話機7台@¥25,000）で売り渡し，代金は掛けとした。

8日 7日に売り渡した商品のうち，不良品¥25,000（電話機1台@¥25,000）を返品し，掛代金から差し引いた。

16日 埼玉商店へ商品を¥240,000（プリンター6台@¥15,000とスキャナー3台@¥50,000）で売り渡し，代金は掛けとした。

25日 埼玉商店へ商品を¥200,000（モニター5台@¥40,000）で売り渡し，代金のうち¥140,000は同店振出しの小切手で受け取り，残額は掛けとした。

29日 千葉商店に対する売掛金のうち¥100,000を現金で受け取った。

売 上 帳

×1年	摘 要	内 訳	金 額

売 掛 金 元 帳
千葉商店

×1年		摘　　要	借　方	貸　方	借/貸	残　高
4	1	前 期 繰 越	300,000		借	300,000

埼玉商店

×1年		摘　　要	借　方	貸　方	借/貸	残　高
4	1	前 期 繰 越	150,000		借	150,000

13－5　商品有高帳の作成①（先入先出法と移動平均法）　★★★

　次の4月中の取引を(1)先入先出法と(2)移動平均法により，商品有高帳に記入して締め切りなさい。なお，当社は商品売買に関する記帳方法は3分法によっている。

　4月1日　タブレットの前期繰越は，18台@¥20,000である。
　　　8日　東京商事からタブレット12台を@¥25,000で仕入れ，代金は掛けとした。
　　　13日　神奈川電気へタブレット18台を@¥45,000で売り渡し，代金は掛けとした。
　　　22日　東京商事からタブレット24台を@¥28,000で仕入れ，代金は掛けとした。
　　　28日　山梨電気へタブレット20台を@¥50,000で売り渡し，代金は掛けとした。

(1) 先入先出法

商 品 有 高 帳

（先入先出法） タブレット

×1年	摘 要	受 入			払 出			残 高		
		数量	単価	金額	数量	単価	金額	数量	単価	金額

(2) 移動平均法

商 品 有 高 帳

（移動平均法） タブレット

×1年	摘 要	受 入			払 出			残 高		
		数量	単価	金額	数量	単価	金額	数量	単価	金額

13－6　商品有高帳の作成②（売上総利益の計算）　★★★

　次の４月中の取引を(1)先入先出法と(2)移動平均法により，商品有高帳に記入して締め切るとともに，それぞれの払出単価の決定方法にもとづく当月の売上高，売上原価，売上総利益を計算しなさい。なお，当社は商品売買に関する記帳方法は３分法によっている。

　　４月１日　電卓の前期繰越は，10台@￥2,000である。

　　　５日　東京商事から電卓30台を@￥2,400で仕入れ，代金は掛けとした。

　　　11日　川越商店に電卓20台を@￥4,000で売り渡し，代金は掛けとした。

　　　21日　東京商事から電卓36台を@￥2,750で仕入れ，代金は掛けとした。なお，引取運賃（当社負担）￥9,000は現金で支払った。

　　　27日　横浜商店に電卓40台を@￥4,200で売り渡し，代金は掛けとした。

(1)　先入先出法

商 品 有 高 帳

（先入先出法）　　　　　　　　　　　　電卓

×1年	摘　要	受　入			払　出			残　高		
		数量	単価	金額	数量	単価	金額	数量	単価	金額

（単位：円）

売　　　上　　　高（　　　　　　　　）

売　上　原　価（　　　　　　　　）

売　上　総　利　益（　　　　　　　　）

(2)　移動平均法

商 品 有 高 帳

（移動平均法）　　　　　　　　　　　　電卓

×1年	摘　　要	受　入			払　出			残　高		
		数量	単価	金額	数量	単価	金額	数量	単価	金額

（単位：円）

売　　　上　　　高（　　　　　　　　　）

売　上　原　価（　　　　　　　　　　）

売　上　総　利　益（　　　　　　　　　　）

13－7　売上原価の計算　★★★

東京商事株式会社（会計期間：×1年4月1日～×2年3月31日）の期首商品棚卸高は¥550,000であり，期末商品棚卸高は¥500,000であった。次の(1)と(2)では当期末の売上原価の計算に関する仕訳と総勘定元帳の勘定口座（略式）への転記を行い，(3)では売上原価の金額を答えなさい。なお，勘定口座の［　］には相手勘定を，（　）には金額を記入すること。

(1)　売上原価の計算を仕入勘定で行う場合

借 方 科 目	金 　 額	貸 方 科 目	金 　 額

総 勘 定 元 帳
仕 　 入

4/1～3/31	諸　　　口	8,550,000	3/31	[　　　]	(　　　)
3/31	[　　　]	(　　　)			

繰 越 商 品

4/ 1	前 期 繰 越	550,000	3/31	[　　　]	(　　　)
3/31	[　　　]	(　　　)			

(2)　売上原価の計算を売上原価勘定で行う場合

借 方 科 目	金 　 額	貸 方 科 目	金 　 額

総 勘 定 元 帳
仕 　 入

4/1～3/31	諸　　　口	8,550,000	3/31	[　　　]	(　　　)

売 上 原 価

3/31	[　　　]	(　　　)	3/31	[　　　]	(　　　)
〃	[　　　]	(　　　)			

繰 越 商 品

4/ 1	前 期 繰 越	550,000	3/31	[　　　]	(　　　)
3/31	[　　　]	(　　　)			

(3)　売上原価の金額

売 上 原 価	￥

第⑭章

手 形 等

14－1　手形取引の復習　★★★

次の①から④の取引について仕訳を示しなさい。

① 東京商店より商品¥150,000を仕入れ，代金は同店宛ての約束手形を振り出して支払った。

② 東京商店宛ての約束手形¥150,000の支払期日が到来し，当座預金口座から支払った。

③ 神奈川商店に商品¥40,000を売り渡し，代金は神奈川商店振出し，当店宛ての約束手形を受け取った。

④ 神奈川商店から受け取った約束手形¥40,000について，当座預金口座に入金があった。

	借 方 科 目	金 　 額	貸 方 科 目	金 　 額
①				
②				
③				
④				

14－2　電子記録債権と電子記録債務の復習　★★☆

次の一連の取引について仕訳を示しなさい。

① 千葉商事に商品¥44,000を売り渡し，代金は掛けとした。

② 取引銀行を通じて千葉商事に対する売掛金¥44,000について，電子債権記録機関に対して電子記録債権の発生記録の請求を行い，千葉商事はこれを承諾した。

③ ②の電子記録債権の決済期日になり，当座預金口座間で決済が行われた。

④ 埼玉商会から商品¥30,000を仕入れ，代金は掛けとした。

⑤ 取引銀行を通じて，埼玉商会に対する買掛金¥30,000について，電子記録債務の発生記録の通知を受け，これを承諾した。

⑥ ⑤の電子記録債務の決済期日が到来し，当座預金口座間で決済が行われた。

	借方科目	金　　額	貸方科目	金　　額
①				
②				
③				
④				
⑤				
⑥				

14－3　支払手形記入帳と受取手形記入帳への記入　★☆☆

次の一連の取引について，支払手形記入帳および受取手形記入帳に記入しなさい。

① 東京商店から商品¥3,000を仕入れ，代金は約束手形＃1（振出日5月5日，満期日6月5日，支払場所埼玉銀行浦和支店）を振り出した。

② 神奈川商事に商品¥4,000を売り渡し，代金は約束手形＃2（振出日6月5日，満期日7月5日，支払場所川崎銀行川崎支店）を受け取った。

③ 6月5日，約束手形＃1について、埼玉銀行浦和支店を通じて当座預金口座から振込みを行った旨の連絡を受けた。

④ 7月5日，約束手形＃2について，当座預金口座に入金した旨の連絡を受けた。

支払手形記入帳

×1年	手形種類	手形番号	摘　要	受取人	振出人	振出日		満期日		支払場所	手形金額	てん末		
						月	日	月	日			月	日	摘要

受取手形記入帳

×1年	手形種類	手形番号	摘　要	支払人	振出人または裏書人	振出日		満期日		支払場所	手形金額	てん末		
						月	日	月	日			月	日	摘要

14−4 手形貸付金と手形借入金 ★★☆

次の①から④の取引について仕訳を示しなさい。

① 東京商会へ現金¥1,000,000を貸し付け，同社振出しの約束手形を受け取った。貸付期間は4ヵ月，年利3％である。

② ①の貸付金¥1,000,000の満期日が到来し，東京商会から元利合計を同社振出しの小切手で受け取った。

③ 品川銀行から約束手形を振り出して¥5,000,000を借り入れ，利息を差し引かれた手取金が当座預金口座に振り込まれた。なお，借入期間は189日，利率は3.65％として日割計算で計上する。

④ 品川銀行に③の借入金を当座預金口座から返済した。

	借 方 科 目	金 額	貸 方 科 目	金 額
①				
②				
③				
④				

14−5 その他の債権債務 ★★☆

次の①から⑥の取引について仕訳を示しなさい。

① 従業員に対する給料支給総額は¥5,000,000であり，所得税の源泉徴収額¥150,000および社会保険料本人負担分¥200,000を預かり，残額を当座預金口座から振り込んで支払った。

② 本年度の従業員にかかる雇用保険料の年概算額¥24,000を一括して当座預金口座から振り込んで納付した。そのうち従業員負担分は¥8,000であり，残額は会社負担分である。従業員負担分のうち¥2,000については社会保険料預り金からの支出，残額は会社がいったん立替払いし，今後支給する給料から差し引いて精算することとする。

③ 当社の取締役から利率年1％，期間6ヵ月の条件で¥50,000を借り入れ，利息を差し引かれた残額が当座預金口座に振り込まれた。

④ 当社の取締役に利率年2％，期間9カ月の条件で¥1,000,000を貸し付け，当座預金口座から振り込んだ。なお，利息は返済時に受け取ることとした。

⑤ 売上代金の一部として受け取っていた全国共通商品券¥20,000の換金請求を行ったところ，請求額の全額が当座預金口座に振り込まれた。

⑥ 店舗の賃貸借契約を結び，当月分の家賃¥300,000と敷金¥300,000について小切手を振り出して支払った。

	借 方 科 目	金　　額	貸 方 科 目	金　　額
①				
②				
③				
④				
⑤				
⑥				

第15章

貸倒引当金

15－1　貸倒損失　★★☆

次の①と②の取引について仕訳を示しなさい。

① 得意先の東京商店が倒産し，同店へ当期に掛売りしていた代金￥7,000が回収不能となったため，貸倒れとして処理した。

② 得意先の神奈川商店が倒産し，同店が当期に振り出していた約束手形￥9,000が回収不能となったため，貸倒れとして処理した。

	借　方　科　目	金　　　額	貸　方　科　目	金　　　額
①				
②				

15－2　貸倒引当金の設定（差額補充法）　★★★

次の①と②の取引について仕訳を示しなさい。

① 決算にあたり，売掛金の残高￥1,000,000に対して３％の貸倒れを見積もった。ただし，貸倒引当金の残高が￥10,000ある。

② 決算にあたり，受取手形の残高￥100,000に対して２％の貸倒れを見積もった。ただし，貸倒引当金の残高が￥2,500ある。

	借　方　科　目	金　　　額	貸　方　科　目	金　　　額
①				
②				

15－3　貸倒損失と償却債権取立益　★★★

次の一連の取引について仕訳を示しなさい。

① ×1年度の決算にあたり，売掛金の残高￥3,000,000に対して3％の貸倒れを見積もった。ただし，貸倒引当金の残高が￥25,000ある。

② ×2年度になり，得意先の千葉商店が倒産し，前期より繰り越した売掛金￥50,000が回収不能となった。

③ 得意先の埼玉商事が倒産し，前期より繰り越した売掛金￥60,000が回収不能となった。

④ ×2年度の決算にあたり，売掛金の残高￥3,000,000に対して4％の貸倒れを見積もった。

⑤ ×3年度になり，貸倒れとして処理していた埼玉商事に対する売掛金￥60,000のうち￥10,000を現金で回収した。

	借方科目	金　額	貸方科目	金　額
①				
②				
③				
④				
⑤				

第**16**章

有形固定資産

16－1　有形固定資産の取得　★★★

次の①から④の取引について仕訳を示しなさい。

① 事務用のパソコンを購入し，代金￥350,000のうち￥50,000は小切手を振り出して支払い，残額は月末に支払うことにした。なお，引取運賃￥3,000は現金で支払った。

② 店舗用の土地300m²を1m²当たり￥30,000で購入し，整地費用￥1,000,000，登記料￥50,000および仲介手数料￥500,000とともに小切手を振り出して支払った。

③ 建物の内装について，改良を行い，代金￥500,000を小切手を振り出して支払った。

④ 建物の外壁について，修繕を行い，代金￥800,000は月末に支払うこととした。なお，代金のうち￥300,000は資本的支出であり残額は収益的支出として処理する。

	借　方　科　目	金　　額	貸　方　科　目	金　　額
①				
②				
③				
④				

16－2　減価償却費の計算（定額法・間接法）　★★★

次の①から③の取引について仕訳を示しなさい。なお，減価償却の記帳方法は間接法によること。

① 決算にあたり，当期首に取得した建物（取得原価￥2,000,000，耐用年数50年，残存価額ゼロ）の減価償却（定額法）を行った。

② 決算にあたり，購入後2年度目となる備品（取得原価￥300,000，耐用年数5年，残存価額ゼロ）について，減価償却（定額法）を行った。

③ 決算（3月31日）にあたり，車両（取得原価￥800,000，耐用年数5年，残存価額ゼロ）の減価

償却（定額法）を行った。なお，当該車両は当期中（10月1日）に購入し直ちに使用を開始しており，減価償却費は月割計算により計上する。

	借 方 科 目	金 　 額	貸 方 科 目	金 　 額
①				
②				
③				

16-3　有形固定資産の売却　★★★

次の一連の取引について仕訳を示しなさい。

① 土地（取得原価¥1,000,000）を¥1,200,000で売却し，代金は月末に受け取ることにした。
② 当期首に建物（取得原価¥1,250,000，減価償却累計額¥750,000）を¥530,000で売却し，代金は月末に受け取ることとした。
③ 当期首に備品（取得原価¥250,000，残存価額ゼロ，耐用年数5年，取得より3年経過，定額法で処理）を，¥80,000で売却し，代金は現金で受け取った。
④ 前年度の期首（4月1日）に取得した車両（取得原価¥1,500,000，残存価額ゼロ，耐用年数6年，期首の減価償却累計額¥250,000）を当期中の9月30日に¥1,100,000で売却し，代金は現金で受け取った。なお，減価償却費については月割計算により計上し，減価償却累計額勘定を経由せずに直接計上すること。

	借 方 科 目	金 　 額	貸 方 科 目	金 　 額
①				
②				
③				
④				

16－4　固定資産台帳の作成　★☆☆

次の固定資産台帳にもとづいて，空欄にあてはまる金額を答えなさい。当社は，定額法（残存価額ゼロ，間接法で記帳）により減価償却を行っており，期中に取得した固定資産は月割計算で減価償却費を計上している。なお，当社の決算日は 3 月31日，当期は×4年 4 月 1 日から×5年 3 月31日である。

固定資産台帳

年月日			種類・用途	耐用年数	期首取得原価	減価償却累計額			期末帳簿価額
						期首残高	当期増減高	期末残高	
×2	4	1	備品A	5 年	300,000	( )	( )	( )	( )
×3	12	1	備品B	8 年	780,000	( )	( )	( )	( )
×4	7	1	備品C	3 年	120,000	( )	( )	( )	( )

第 ❶❼ 章

株式会社会計

17- 1 　株式会社の設立と増資　★★★

次の①と②の取引について仕訳を示しなさい。

① 会社の設立にあたり，当社は，株式100株を1株当たり¥100,000で発行し，株主からの払込金は当座預金口座に振り込まれた。

② 増資を行うにあたり，当社は新たに100株を1株当たり¥150,000で発行し，株主からの払込金は当座預金口座に振り込まれた。

	借 方 科 目	金　　額	貸 方 科 目	金　　額
①				
②				

17- 2 　当期純損益の振替え　★★☆

次の①と②の取引について仕訳を示しなさい。

① 決算の結果，株式会社東京商事の収益合計は¥480,000，費用合計は¥412,000と算定されたので，当期純損益を繰越利益剰余金勘定に振り替える。

② 決算の結果，株式会社神奈川商会の収益合計は¥200,000，費用合計は¥300,000と算定されたので，当期純損益を繰越利益剰余金勘定に振り替える。

	借 方 科 目	金　　額	貸 方 科 目	金　　額
①				
②				

17-3　利益の処分　★★★

次の①と②の取引について仕訳を示しなさい。

① 株主総会において，繰越利益剰余金￥130,000から株主への配当￥100,000と利益準備金の積立て￥10,000を行うことが承認された。

② ①の配当金を当座預金口座より支払った。

	借 方 科 目	金　　額	貸 方 科 目	金　　額
①				
②				

第18章

税 金 等

18－1 租税公課の復習と法人税等 ★★★

次の一連の取引について仕訳を示しなさい。

① 固定資産税￥100,000を現金で納付した。

② 収入印紙￥5,000と切手￥4,000を購入し，代金は現金で支払った。

③ 法人税，住民税及び事業税の中間申告を行い，法人税￥530,000，住民税￥200,000，事業税￥300,000について当座預金口座から納付した。

④ 決算にあたり，法人税￥1,230,000，住民税￥450,000，事業税￥400,000を計上した。

⑤ 法人税等の確定申告を行い，未払分を当座預金口座から納付した。

	借 方 科 目	金 額	貸 方 科 目	金 額
①				
②				
③				
④				
⑤				

18－2　消費税（税抜方式）　★★★

次の一連の取引について仕訳を示しなさい。なお，消費税率は10％とする。

① 商品￥50,000を仕入れ，代金は消費税を含めて掛けとした。
② 商品を￥100,000で売り渡し，代金は消費税を含めて掛けとした。
③ 決算にあたり，消費税の納付額を計上した。
④ 消費税の確定申告を行い，未払分を現金で納付した。

	借方科目	金額	貸方科目	金額
①				
②				
③				
④				

18－3　諸会費　★☆☆

次の①から③の取引について仕訳を示しなさい。

① 商工会へ年会費￥100,000を現金で支払った。
② 自治会へ年会費￥5,000を現金で支払った。なお，当社は自治会費を雑費として処理している。
③ 加入している業界団体の年会費￥200,000の請求が来たが，支払いは来期初を予定している。

	借方科目	金額	貸方科目	金額
①				
②				
③				

第⑲章

決 算 (1)

次の(1)×1年5月25日の合計試算表と(2)×1年5月26日から31日までの諸取引にもとづいて，×1年5月末の合計試算表を作成しなさい。

(1)　×1年5月25日の合計試算表

合 計 試 算 表
×1年5月25日

借 方 合 計	勘 定 科 目	貸 方 合 計
440,000	現　　　　　金	300,000
620,000	当 座 預 金	400,000
40,000	受 取 手 形	22,000
130,000	売 掛 金	60,000
10,000	前 払 金	
55,000	繰 越 商 品	
250,000	備　　　　　品	
15,000	支 払 手 形	45,000
100,000	買 掛 金	145,000
	備品減価償却累計額	100,000
	資 本 金	500,000
	繰越利益剰余金	25,000
10,000	売　　　　　上	460,000
313,000	仕　　　　　入	3,000
42,000	給　　　　　料	
10,000	水 道 光 熱 費	
25,000	支 払 家 賃	
2,060,000		2,060,000

(2) ×1年5月26日から31日までの諸取引

5月26日 売掛金￥30,000を現金で回収した。

27日 商品￥80,000を仕入れ，代金のうち手付金￥10,000を差し引き，残額は掛けとした。

28日 商品を￥170,000で売り渡し，代金は得意先振出しの小切手で受け取った。

29日 今月の水道光熱費￥4,000を現金で支払った。

30日 従業員に給料￥19,000を当座預金口座から振り込んだ。

31日 今月の家賃￥10,000を小切手を振り出して支払った。

合 計 試 算 表
×1年5月31日

借 方 合 計	勘 定 科 目	貸 方 合 計
	現　　　　金	
	当 座 預 金	
	受 取 手 形	
	売 　掛 　金	
	前 　払 　金	
	繰 越 商 品	
	備 　　　品	
	支 払 手 形	
	買 　掛 　金	
	備品減価償却累計額	
	資 　本 　金	
	繰越利益剰余金	
	売 　　　上	
	仕 　　　入	
	給 　　　料	
	水 道 光 熱 費	
	支 払 家 賃	

19－2　残高試算表の復習　★★★

次の(1)×1年6月25日の残高試算表と(2)×1年6月26日から30日までの諸取引にもとづいて，×1年6月末の残高試算表を作成しなさい。なお，商品売買はすべて掛けで行われている。

(1)　×1年6月25日の残高試算表

残 高 試 算 表
×1年6月25日

借 方 残 高	勘 定 科 目	貸 方 残 高
100,000	現　　　　　金	
180,000	当 座 預 金	
10,000	受 取 手 形	
200,000	売 　 掛 　 金	
180,000	繰 越 商 品	
800,000	建　　　　　物	
230,000	備　　　　　品	
500,000	土　　　　　地	
	買 　 掛 　 金	210,000
	借 　 入 　 金	100,000
	貸 倒 引 当 金	10,000
	建物減価償却累計額	450,000
	備品減価償却累計額	142,000
	資 　 本 　 金	1,000,000
	繰越利益剰余金	43,000
	売 　 　 　 上	2,800,000
2,000,000	仕 　 　 　 入	
510,000	給 　 　 　 料	
28,000	水 道 光 熱 費	
17,000	通 　 信 　 費	
4,755,000		4,755,000

(2)　×1年6月26日から30日までの諸取引

6月26日　売上げ：東京商店 ¥6,000　神奈川商会 ¥3,000

　　　　　　売掛金の回収：東京商店より売掛金¥10,000が当座預金口座に振り込まれた。

　27日　仕入れ：千葉商事 ¥4,000　埼玉商店 ¥3,500

　　　　　　売掛金の回収：神奈川商会に対する売掛金¥9,000を同店振出し，当社宛ての約束手形で回収した。

28日 買掛金の支払い：千葉商事に対する買掛金￥20,000を小切手を振り出して支払った。

29日 売上げ：東京商店 ￥4,000 神奈川商会 ￥3,000

仕入れ：千葉商事 ￥4,000 埼玉商店 ￥3,000

買掛金の支払い：埼玉商店に対する買掛金￥10,000の支払いのため，同店宛ての約束手形を振り出した。

30日 通信費と給料の支払い：通信費￥12,500と給料￥21,000を当座預金口座から支払った。

残 高 試 算 表
×1年6月30日

借 方 残 高	勘 定 科 目	貸 方 残 高
	現　　　　　金	
	当　座　預　金	
	受　取　手　形	
	売　　掛　　金	
	繰　越　商　品	
	建　　　　　物	
	備　　　　　品	
	土　　　　　地	
	（　　　　　　　）	
	買　　掛　　金	
	借　　入　　金	
	貸　倒　引　当　金	
	建物減価償却累計額	
	備品減価償却累計額	
	資　　本　　金	
	繰越利益剰余金	
	売　　　　　上	
	仕　　　　　入	
	給　　　　　料	
	水　道　光　熱　費	
	通　　信　　費	

19-3 8桁精算表の作成① ★★★

次の資料にもとづいて，精算表を完成させなさい。なお，当期純損益については（ ）に利益または損失のいずれか該当するものを記入すること。

【資料】 決算整理事項等

① 売掛金の期末残高に対して3％の貸倒引当金を差額補充法により設定する。

② 期末商品棚卸高は￥30,000である。売上原価は仕入の行で計算する。

③ 建物（耐用年数20年，残存価額ゼロ），備品（耐用年数8年，残存価額ゼロ）について定額法で減価償却を行う。

④ 水道光熱費の未払分￥1,000を計上する。

⑤ 保険料の前払分￥600を計上する。

精　算　表

（単位：円）

勘定科目	残高試算表		修正記入		損益計算書		貸借対照表	
	借　方	貸　方	借　方	貸　方	費　用	収　益	資　産	負債・純資産
現　　　金	51,300							
当 座 預 金	70,000							
売　掛　金	130,000							
繰 越 商 品	40,000							
建　　　物	250,000							
備　　　品	80,000							
買　掛　金		120,000						
貸 倒 引 当 金		2,500						
建物減価償却累計額		62,500						
備品減価償却累計額		20,000						
資　本　金		290,000						
繰越利益剰余金		62,000						
売　　　上		561,300						
仕　　　入	484,000							
水 道 光 熱 費	10,000							
保　険　料	3,000							
	1,118,300	1,118,300						
貸倒引当金繰入								
減 価 償 却 費								
未払水道光熱費								
前 払 保 険 料								
当期純（　　）								

19-4　8桁精算表の作成② ★★★

　次の資料にもとづいて、精算表を完成させなさい。なお，当期は×1年4月1日から×2年3月31日である。また，当期純損益については（　）に利益または損失のいずれか該当するものを記入すること。

【資料】決算整理事項等

① 従業員が出張から帰社し，旅費交通費の精算をした結果，残金¥2,000を現金で受け取った。なお，当該従業員には概算額として¥20,000を現金で支払っている。

② 従業員から振り込まれた売掛金の回収¥8,000について，仮受金で処理していた。

③ かねて現金過不足勘定で処理しておいた現金不足額¥700の原因について，調査の結果，水道光熱費の現金支払額であることが判明した。

④ 電子記録債権と売掛金の期末残高合計に対して3％の貸倒引当金を差額補充法により設定する。

⑤ 期末商品棚卸高は¥550,000である。売上原価は売上原価の行で計算する。

⑥ 建物（耐用年数50年，残存価額ゼロ），車両運搬具（耐用年数6年，残存価額ゼロ）について定額法で減価償却を行う。

⑦ 貸付金はすべて×1年7月1日に貸付期間1年，利率年4％で貸し付けたものである。利息は貸付元本の回収時に全額を一括して受け取る契約となっている。

⑧ 当社は土地の一部を賃貸しており，地代（賃貸料）は毎年10月1日に向こう1年分¥720,000を受け取る契約となっている。

精　算　表

(単位：円)

勘定科目	残高試算表 借方	残高試算表 貸方	修正記入 借方	修正記入 貸方	損益計算書 費用	損益計算書 収益	貸借対照表 資産	貸借対照表 負債・純資産
現　　　　金	271,600							
現 金 過 不 足	700							
当 座 預 金	440,000							
電 子 記 録 債 権	180,000							
売 　掛 　金	348,000							
貸 　付 　金	300,000							
仮 　払 　金	20,000							
繰 越 商 品	500,000							
建　　　　物	2,000,000							
車 両 運 搬 具	600,000							
土　　　　地	4,000,000							
買 　掛 　金		177,000						
借 　入 　金		1,200,000						
仮 　受 　金		8,000						
貸 倒 引 当 金		12,000						
建物減価償却累計額		400,000						
車両運搬具減価償却累計額		200,000						
資 　本 　金		5,700,000						
繰越利益剰余金		300,000						
売 　　　上		7,800,000						
受 取 地 代		1,080,000						
仕 　　　入	6,500,000							
給 　　　料	1,500,000							
水 道 光 熱 費	74,700							
旅 費 交 通 費	106,000							
支 払 利 息	36,000							
	16,877,000	16,877,000						
貸倒引当金繰入								
売 上 原 価								
減 価 償 却 費								
（　　）利 息								
受 取 利 息								
（　　）地 代								
当 期 純（　）								

第20章

決　算 ⑵

20−1　　棚卸表　★★☆

　次の棚卸表にもとづき，決算整理仕訳を行いなさい。なお，商品の期首棚卸高は¥1,500であり，売上原価は仕入勘定で計算する。また，減価償却の記帳方法は間接法によること。

棚　卸　表
×1年12月31日

整　理　科　目	摘　　　要	金　　額
繰　越　商　品	商品期末棚卸高　@¥40　50個	（　　　　）
貸倒引当金繰入	売掛金¥14,000の２％の貸倒れを見積る。差額補充法による。 貸倒引当金　当期末残高：¥150	（　　　　）
減　価　償　却　費	建物　取得原価¥500,000　耐用年数：25年　残存価額：ゼロ　定額法	（　　　　）
貯　蔵　品	郵便切手　未使用高　@¥84　５枚	（　　　　）
前　払　地　代	地代は，毎年７月１日に向こう１年分（¥120,000）を前払いしている。	（　　　　）
未　払　利　息	利息は，借入金¥100,000（借入日×1年10月1日，利率年2％，借入期間1年）にかかるもので，返済日に一括して支払うこととなっている。	（　　　　）
		（　　　　）

借　方　科　目	金　　額	貸　方　科　目	金　　額

20−2　　棚卸表と決算整理後残高試算表　★★☆

　次の⑴×2年3月31日の決算整理前残高試算表と⑵×2年3月31日の棚卸表にもとづいて，×2年3月末の決算整理後残高試算表を作成しなさい。ただし，売上原価は仕入勘定で計算している。

(1)　×2年3月31日の決算整理前残高試算表

決算整理前残高試算表

×2年3月31日

借方残高	勘定科目	貸方残高
37,650	現　　　　金	
	当 座 預 金	5,000
32,500	売 　掛　 金	
4,000	繰 越 商 品	
10,500	仮 払 消 費 税	
25,000	貸 　付　 金	
34,000	備　　　　品	
	買 　掛　 金	13,500
	仮 受 消 費 税	14,000
	貸 倒 引 当 金	500
	備品減価償却累計額	8,500
	資 　本　 金	50,000
	繰越利益剰余金	3,500
	売　　　　上	140,000
	受 取 手 数 料	24,000
	受 取 利 息	750
70,000	仕　　　　入	
30,000	給　　　　料	
4,100	水 道 光 熱 費	
12,000	支 払 家 賃	
259,750		259,750

(2)　×2年3月31日の棚卸表

棚　卸　表

×2年3月31日

決算整理事項	金　　額
当 座 借 越	（　　　　）
繰 越 商 品	3,000
貸倒引当金繰入	150
未 払 消 費 税	（　　　　）
減 価 償 却 費	4,250
前 受 手 数 料	6,000
未 収 利 息	250
	（　　　　）

決算整理後残高試算表

×2年3月31日

借 方 残 高	勘 定 科 目	貸 方 残 高
	現　　　　金	
	売　掛　金	
	繰 越 商 品	
	貸　付　金	
	備　　　品	
	買　掛　金	
	貸 倒 引 当 金	
	備品減価償却累計額	
	資　本　金	
	繰越利益剰余金	
	売　　　　上	
	受 取 手 数 料	
	受 取 利 息	
	仕　　　　入	
	給　　　料	
	水 道 光 熱 費	
	支 払 家 賃	
	当 座 借 越	
	貸倒引当金繰入	
	未 払 消 費 税	
	減 価 償 却 費	
	前 受 手 数 料	
	未 収 利 息	

20-3　帳簿の締切り　★★☆

次の資料にもとづいて，(1)決算振替仕訳を示すとともに，(2)繰越利益剰余金勘定に転記し，締め切りなさい。

【資料】×2年3月31日における決算整理後の総勘定元帳残高（収益および費用のみ）

売　　　上	¥9,000	受取手数料	¥15	仕　　　入	¥6,025
給　　　料	¥1,200	支払家賃	¥900	水道光熱費	¥70
広告宣伝費	¥55	旅費交通費	¥33	貸倒引当金繰入	¥15
減価償却費	¥250	雑　　　費	¥12	支払利息	¥5

(1)　決算振替仕訳

	借方科目	金　額	貸方科目	金　額
収益				
費用				
損益				

(2)　繰越利益剰余金勘定

繰越利益剰余金　　　　20

日付		摘　要	仕丁	借　方	日付		摘　要	仕丁	貸　方
6	26	未払配当金	〜	1,000	4	1	前期繰越	〜	1,950
		利益準備金	省	100				省	
			略					略	
			〜					〜	

第21章

決 算 (3)

21 − 1 　損益計算書と貸借対照表の作成① 　★★★

次の×2年3月31日における決算整理後残高試算表から，⑴損益計算書と⑵貸借対照表を作成しなさい。

決算整理後残高試算表
×2年3月31日

借 方 残 高	勘 定 科 目	貸 方 残 高
3,500	現　　　　　　金	
22,500	売　　掛　　金	
23,100	繰　越　商　品	
50,000	貸　　付　　金	
30	貯　　蔵　　品	
150	前　払　家　賃	
250	未　収　利　息	
20,000	備　　　　　　品	
	買　　掛　　金	20,000
	当　座　借　越	15,000
	未　払　法　人　税　等	1,100
	前　受　手　数　料	80
	未　払　給　料	400
	貸　倒　引　当　金	450
	備品減価償却累計額	7,500
	資　　本　　金	50,000
	繰　越　利　益　剰　余　金	20,100
	売　　　　　　上	60,000
	受　取　手　数　料	500
	受　取　利　息	1,000
45,300	仕　　　　　　入	
4,000	給　　　　　　料	
1,800	支　払　家　賃	
590	水　道　光　熱　費	
60	租　税　公　課	
250	貸　倒　引　当　金　繰　入	
2,500	減　価　償　却　費	
2,100	法人税，住民税及び事業税	
176,130		176,130

(1)　損益計算書

損 益 計 算 書

自×1年4月1日　至×2年3月31日

費　　用	金　　額	収　　益	金　　額
売　上　原　価		売　　上　　高	
給　　　　　料		受　取　手　数　料	
支　払　家　賃		受　取　利　息	
水　道　光　熱　費			
租　税　公　課			
貸　倒　引　当　金　繰　入			
減　価　償　却　費			
法人税, 住民税及び事業税			
(　　　　　　　)			
合計		合計	

(2)　貸借対照表

貸 借 対 照 表

×2年3月31日

資　　産	内　　訳	金　　額	負債・純資産	金　　額
現　　　　　金			買　　掛　　金	
売　　掛　　金			借　　入　　金	
貸　倒　引　当　金			未　払　法　人　税　等	
商　　　　　品			前　　受　　収　　益	
貸　　付　　金			未　　払　　費　　用	
貯　　蔵　　品			資　　本　　金	
前　　払　　費　　用			繰　越　利　益　剰　余　金	
未　　収　　収　　益				
備　　　　　品				
減　価　償　却　累　計　額				
合計			合計	

21 – 2 損益計算書と貸借対照表の作成② ★★★

次の資料1と資料2にもとづいて，損益計算書と貸借対照表を作成しなさい。なお，当期は×1年1月1日から×1年12月31日までの1年間である。

【資料1】 決算整理前残高試算表

決算整理前残高試算表
×1年12月31日

借方残高	勘定科目	貸方残高
1,025,800	現　　　　　金	
3,000	現 金 過 不 足	
1,100,000	当 座 預 金	
1,000,000	受 取 手 形	
2,100,000	売 　 掛 　 金	
260,000	繰 越 商 品	
500,000	貸 　 付 　 金	
600,000	仮 払 消 費 税	
60,000	仮 払 法 人 税 等	
2,000,000	建 　 　 　 物	
800,000	備 　 　 　 品	
3,000,000	土 　 　 　 地	
	支 払 手 形	800,000
	買 　 掛 　 金	1,800,000
	借 　 入 　 金	400,000
	仮 　 受 　 金	100,000
	仮 受 消 費 税	780,000
	貸 倒 引 当 金	48,000
	建物減価償却累計額	400,000
	備品減価償却累計額	200,000
	資 　 本 　 金	6,800,000
	繰 越 利 益 剰 余 金	480,000
	売 　 　 　 上	7,000,000
	受 取 地 代	375,000
	受 取 利 息	10,000
4,300,000	仕 　 　 　 入	
1,100,000	給 　 　 　 料	
700,000	広 告 宣 伝 費	
108,000	水 道 光 熱 費	
254,200	通 　 信 　 費	
270,000	保 　 険 　 料	
12,000	支 払 利 息	
19,193,000		19,193,000

【資料2】　決算整理事項等

① 現金過不足は原因不明のため雑損または雑益として処理する。

② 仮受金は全額売掛金の回収によるものであることが判明した。

③ 受取手形および売掛金の期末残高に対して2％の貸倒引当金を差額補充法により設定する。

④ 期末商品棚卸高は500個，@¥500である。なお，売上原価は仕入勘定で計算している。

⑤ 消費税の処理を税抜方式で行う。

⑥ 有形固定資産については以下の要領で，定額法により減価償却を行っている。

　　建物：耐用年数50年，残存価額ゼロ

　　備品：耐用年数8年，残存価額ゼロ

⑦ 土地の一部を賃貸しており，地代（賃貸料）は毎年4月1日に向こう1年分¥300,000を受け取る契約となっている。

⑧ 貸付金はすべて×1年4月1日に貸付期間1年，利率年4％で貸し付けたものであり，利息は毎年9月末日と3月末日にそれぞれ半年分を受け取る契約となっている。

⑨ すでに費用処理した郵便切手のうち¥4,200が未使用であった。

⑩ 保険料は毎年7月1日に向こう1年分を支払う契約となっている。

⑪ 法人税，住民税及び事業税として¥150,000を計上する。

損 益 計 算 書

自　×1年1月1日　至　×1年12月31日

費　　　　用	金　　　額	収　　　益	金　　　額
売 上 原 価		売 上 高	
給 料		受 取 地 代	
広 告 宣 伝 費		受 取 利 息	
水 道 光 熱 費			
通 信 費			
保 険 料			
貸 倒 引 当 金 繰 入			
減 価 償 却 費			
雑 （　　　　　）			
支 払 利 息			
法人税, 住民税及び事業税			
（　　　　　　）			
合　　計		合　　計	

貸 借 対 照 表

×1年12月31日

資 産	内 訳	金 額	負債・純資産	金 額
現　　　　　金			支 払 手 形	
当 座 預 金			買 掛 金	
受 取 手 形			借 入 金	
売 掛 金			未 払 消 費 税	
貸 倒 引 当 金			未 払 法 人 税 等	
商　　　　　品			前 受 収 益	
貸 付 金			資 本 金	
貯 蔵 品			繰 越 利 益 剰 余 金	
前 払 費 用				
未 収 収 益				
建　　　　　物				
減 価 償 却 累 計 額				
備　　　　　品				
減 価 償 却 累 計 額				
土　　　　　地				
合計			合計	

第 I 部

導入編

（解答・解説）

第1章　簿記の基礎

1-1　貸借対照表と損益計算書の構成要素

①	資産	②	負債	③	純資産（資本）
④	費用	⑤	収益		

1-2　勘定科目の分類

構成要素	勘定科目
資　　　産	現金，当座預金，普通預金，売掛金，備品
負　　　債	買掛金，借入金
純資産（資本）	資本金
収　　　益	売上，受取手数料，受取家賃，受取地代
費　　　用	仕入，給料，広告宣伝費，支払手数料，旅費交通費，通信費，水道光熱費，支払家賃，支払地代，保険料，消耗品費，雑費

1-3　損益計算書と貸借対照表の作成

損 益 計 算 書
自　×1年1月1日　至　×1年12月31日

費　　用	金　額	収　益	金　額
給　　　料	300,000	受 取 手 数 料	900,000
通　信　費	50,000		
水 道 光 熱 費	100,000		
支　払　家　賃	250,000		
消　耗　品　費	150,000		
当 期 純 利 益	50,000		
合計	900,000	合計	900,000

貸 借 対 照 表
×1年12月31日

資　　産	金　　額	負債・純資産	金　　額
現　　　　　金	450,000	借　　入　　金	400,000
当　座　預　金	600,000	資　　本　　金	650,000
合計	1,050,000	合計	1,050,000

1-4　資本の元入れと利益の振替え（個人企業）

(1)　資本の元入れ

貸 借 対 照 表
×1年1月1日

資　　産	金　　額	負債・純資産	金　　額
現　　　　　金	600,000	資　　本　　金	1,000,000
備　　　　　品	400,000		
合計	1,000,000	合計	1,000,000

(2)　利益の振替え

貸 借 対 照 表
×1年12月31日

資　　産	金　　額	負債・純資産	金　　額
現　　　　　金	900,000	資　　本　　金	1,220,000
備　　　　　品	320,000		
合計	1,220,000	合計	1,220,000

1-5　損益計算書と貸借対照表の関係①

①	140,000　円	②	20,000　円	③	160,000　円

※　解答の手順は次のとおり。

①：300,000［資産］－160,000［負債］＝140,000［期首純資産（資本）］

②：600,000［収益］－580,000［費用］＝20,000［当期純利益］

③：140,000［期首純資産（資本）］＋20,000［当期純利益］＝160,000［期末純資産（資本）］

1－6　損益計算書と貸借対照表の関係②

①	1,200,000	円	②	400,000	円	③	1,320,000	円

※　解答の手順は次のとおり。

①：750,000［期末負債］＋450,000［期末純資産（資本）］＝1,200,000［期末資産］

②：450,000［期末純資産（資本）］－50,000［当期純利益］＝400,000［期首純資産（資本）］

③：1,270,000［費用総額］＋50,000［当期純利益］＝1,320,000［収益総額；受取手数料］

第2章　簿記の一巡

2－1　簿記上の取引

①	○	②	×	③	○	④	○	⑤	×	⑥	○

2－2　取引の仕訳（略式）

	借 方 科 目	金　　額	貸 方 科 目	金　　額
①	現　　　　　金	1,000,000	資　本　金	1,000,000
②	現　　　　　金	500,000	借　入　金	500,000
③	現　　　　　金	300,000	受 取 手 数 料	300,000
④	現　　　　　金	150,000	受 取 家 賃	150,000
⑤	広 告 宣 伝 費	50,000	現　　　　　金	50,000
⑥	水 道 光 熱 費	18,000	現　　　　　金	18,000

2－3　勘定への転記（略式）

総 勘 定 元 帳

現　　金

1/ 1 ［資　本　金］（　700,000）	1/ 5 ［普 通 預 金］（　200,000）

普 通 預 金

1/ 5 ［現　　　　金］（　200,000）	

備　　品

1/ 1 ［資　本　金］（　300,000）	

資 本 金

	1/ 1 ［諸　　　　口］（1,000,000）

2－4　仕訳帳への記入と総勘定元帳への転記（標準式）

仕　訳　帳　　　　1

×1年		摘　　要	元丁	借　　方	貸　　方
1	5	（現　　金）	1	2,000,000	
		（借　入　金）	10		2,000,000
		新宿銀行から借り入れ			
	10	（備　　品）	6	300,000	
		（現　　金）	1		300,000
		備品の購入			

総　勘　定　元　帳
現　　金　　　　1

×1年		摘　要	仕丁	借　方	×1年		摘　要	仕丁	貸　方
1	1	前 期 繰 越	✓	950,000	1	10	備　　品	1	300,000
	5	借 入 金	1	2,000,000					

備　　品　　　　6

×1年		摘　要	仕丁	借　方	×1年		摘　要	仕丁	貸　方
1	1	前 期 繰 越	✓	200,000					
	10	現　　金	1	300,000					

借　入　金　　　　10

×1年		摘　要	仕丁	借　方	×1年		摘　要	仕丁	貸　方
					1	1	前 期 繰 越	✓	800,000
						5	現　　金	1	2,000,000

2 - 5 残高試算表の作成

残　高　試　算　表
×1年1月31日

借　　方	勘定科目	貸　　方
2,250,000	現　　　　　金	
630,000	普 通 預 金	
	借 入 金	800,000
	資 本 金	2,000,000
	受 取 手 数 料	1,800,000
900,000	給　　　　　料	
20,000	水 道 光 熱 費	
700,000	支 払 家 賃	
100,000	消 耗 品 費	
4,600,000		4,600,000

2 - 6 損益計算書と貸借対照表の作成

損　益　計　算　書
自　×1年1月1日　至　×1年12月31日

費　　　用	金　　額	収　　益	金　　額
給　　　　　　料	1,000,000	受 取 手 数 料	3,000,000
広 告 宣 伝 費	600,000		
通 信 費	120,000		
水 道 光 熱 費	180,000		
支 払 家 賃	720,000		
消 耗 品 費	180,000		
雑　　　　　費	20,000		
当 期 純 利 益	180,000		
合計	3,000,000	合計	3,000,000

貸 借 対 照 表
×1年12月31日

資　　　産	金　　額	負債・純資産	金　　額
現　　　　　　金	1,380,000	借　　入　　金	1,500,000
当　座　預　金	1,400,000	資　　本　　金	2,180,000
普　通　預　金	900,000		
合計	3,680,000	合計	3,680,000

第 3 章　現金預金

3 － 1　現金取引の記録

	借 方 科 目	金　　額	貸 方 科 目	金　　額
①	現　　　　　　金	100,000	受　取　地　代	100,000
②	保　　険　　料	30,000	現　　　　　　金	30,000
③	現　　　　　　金	50,000	受　取　手　数　料	50,000
④	消　耗　品　費	20,000	現　　　　　　金	20,000
⑤	現　　　　　　金	150,000	受　取　家　賃	150,000

3 － 2　当座預金取引の記録

	借 方 科 目	金　　額	貸 方 科 目	金　　額
①	当　座　預　金	150,000	現　　　　　　金	150,000
②	現　　　　　　金	200,000	当　座　預　金	200,000
③	広　告　宣　伝　費	250,000	当　座　預　金	250,000
④	支　払　手　数　料	28,000	当　座　預　金	28,000
⑤	当　座　預　金	180,000	受　取　家　賃	180,000

3－3 その他の預金取引の記録

	借 方 科 目	金 額	貸 方 科 目	金 額
①	普 通 預 金	700,000	現　　　　金	700,000
②	支 払 家 賃	150,000	普 通 預 金	150,000
③	定 期 預 金	200,000	現　　　　金	200,000
④	現　　　　金	510,000	定 期 預 金 受 取 利 息	500,000 10,000

3－4 複数口座を開設している場合の記録

	借 方 科 目	金 額	貸 方 科 目	金 額
①	普 通 預 金 X 銀 行	600,000	現　　　　金	600,000
②	水 道 光 熱 費	15,000	普 通 預 金 X 銀 行	15,000
③	当 座 預 金 Y 銀 行	250,000	現　　　　金	250,000
④	消 耗 品 費	35,000	当 座 預 金 Y 銀 行	35,000
⑤	当 座 預 金 Y 銀 行 支 払 手 数 料	200,000 200	普 通 預 金 X 銀 行	200,200

3－5 現金預金取引の記録（仕訳と転記）

	借 方 科 目	金 額	貸 方 科 目	金 額
1/ 4	現　　　　金	300,000	借 　 入 　 金	300,000
5	当 座 預 金	500,000	現　　　　金	500,000
10	消 耗 品 費	90,000	現　　　　金	90,000
14	現　　　　金	60,000	受 取 手 数 料	60,000
20	通 　 信 　 費	10,000	現　　　　金	10,000
25	支 払 家 賃	100,000	当 座 預 金	100,000

総　勘　定　元　帳

現　　金

1/ 1	前 期 繰 越	600,000	1/ 5	[当 座 預 金]	(	500,000)
4	[借　入　金]	(300,000)	10	[消 耗 品 費]	(	90,000)
14	[受 取 手 数 料]	(60,000)	20	[通　信　費]	(	10,000)

当 座 預 金

1/ 5	[現　　　　金]	(500,000)	1/25	[支 払 家 賃]	(100,000)

借　入　金

		1/ 1	前 期 繰 越	700,000
		4	[現　　　　金]	300,000

受 取 手 数 料

	1/14	[現　　　　金]	(60,000)

支 払 家 賃

1/25	[当 座 預 金]	(100,000)

消 耗 品 費

1/10	[現　　　　金]	(90,000)

通　信　費

1/20	[現　　　　金]	(10,000)

第４章　商品売買

4－1　商品売買取引の記録（現金預金取引）

	借 方 科 目	金　　額	貸 方 科 目	金　　額
①	仕　　　　入	150,000	現　　　　金	150,000
②	仕　　　　入	200,000	当 座 預 金	200,000
③	現　　　　金	300,000	売　　　　上	300,000
④	現　　　　金	120,000	売　　　　上	120,000

4－2 商品売買取引の記録（掛取引）

	借方科目	金　額	貸方科目	金　額
①	仕　　　入	210,000	買　　掛　　金	210,000
②	売　　掛　　金	130,000	売　　　上	130,000
③	仕　　　入	350,000	当　座　預　金 買　　掛　　金	150,000 200,000
④	現　　　　　金 売　　掛　　金	140,000 110,000	売　　　上	250,000
⑤	買　　掛　　金	80,000	現　　　　　金	80,000
⑥	現　　　　　金	100,000	売　　掛　　金	100,000

4－3 仕入諸掛

	借方科目	金　額	貸方科目	金　額
①	仕　　　入	306,000	当　座　預　金 現　　　　　金	300,000 6,000
②	仕　　　入	265,000	買　　掛　　金 現　　　　　金	260,000 5,000

4－4 返品（仕入戻し，売上戻り）

	借方科目	金　額	貸方科目	金　額
①	買　　掛　　金	20,000	仕　　　入	20,000
②	売　　　上	50,000	売　　掛　　金	50,000

4－5 売上原価の計算

借方科目	金　額	貸方科目	金　額
繰　越　商　品	200,000	仕　　　入	200,000

総 勘 定 元 帳
仕　　入

1/ 1～12/31	諸	口	1,500,000	12/31	［繰 越 商 品］	（　200,000）

繰 越 商 品

12/31	［仕　　入］	（　200,000）	

売 上 原 価 の 金 額	￥	1,300,000

4－6　クレジット売掛金

	借 方 科 目	金　額	貸 方 科 目	金　額
①	クレジット売掛金 支 払 手 数 料	194,000 6,000	売　　　　上	200,000
②	当 座 預 金	194,000	クレジット売掛金	194,000

第5章　手形と電子記録債権債務

5－1　手形の振出しと支払い

	借 方 科 目	金　額	貸 方 科 目	金　額
①	仕　　　　入	10,000	支 払 手 形	10,000
②	支 払 手 形	10,000	当 座 預 金	10,000

5－2　手形の受入れと取立て

	借 方 科 目	金　額	貸 方 科 目	金　額
①	受 取 手 形	30,000	売　　　　上	30,000
②	当 座 預 金	30,000	受 取 手 形	30,000

5 − 3　手形の振出しと受入れ

	借方科目	金　額	貸方科目	金　額
栃木商店	受　取　手　形 売　　掛　　金	200,000 150,000	売　　　　　上	350,000
山梨商店	仕　　　　　入	351,000	支　払　手　形 買　　掛　　金 現　　　　　金	200,000 150,000 1,000

5 − 4　手形の取立てと支払い

		借方科目	金　額	貸方科目	金　額
埼玉 商店	①	仕　　　　　入	6,000	支　払　手　形	6,000
	②	支　払　手　形	6,000	当　座　預　金	6,000
千葉 商店	①	受　取　手　形	6,000	売　　　　　上	6,000
	②	当　座　預　金	6,000	受　取　手　形	6,000

5 − 5　電子記録債権と電子記録債務

	借方科目	金　額	貸方科目	金　額
①	電 子 記 録 債 権	500,000	売　　掛　　金	500,000
②	買　　掛　　金	150,000	電 子 記 録 債 務	150,000
③	当　座　預　金	500,000	電 子 記 録 債 権	500,000
④	電 子 記 録 債 務	150,000	当　座　預　金	150,000

※　電子記録債権について，債権者が発生記録の請求を行う場合と債務者が発生記録の請求を行う場合がある。
　　決済は，取引銀行同士の銀行口座間で行われる。

第6章　その他の債権債務

6－1　貸付金と借入金

		借方科目	金　額	貸方科目	金　額
当店	①	貸　付　金	3,000,000	当　座　預　金	3,000,000
	②	当　座　預　金	3,075,000	貸　付　金 受　取　利　息	3,000,000 75,000
青山 商店	①	現　　　金	3,000,000	借　入　金	3,000,000
	②	借　入　金 支　払　利　息	3,000,000 75,000	当　座　預　金	3,075,000

※　②　利息：￥3,000,000×2.5％＝￥75,000

6－2　未収入金と未払金

	借方科目	金　額	貸方科目	金　額
①	土　　　地	500,000	未　払　金	500,000
②	未　払　金	500,000	現　　　金	500,000
③	未　収　入　金	300,000	土　　　地	300,000
④	現　　　金	300,000	未　収　入　金	300,000

6－3　前払金と前受金

	借方科目	金　額	貸方科目	金　額
①	前　払　金	70,000	現　　　金	70,000
②	仕　　　入	200,000	前　払　金 支　払　手　形 買　掛　金	70,000 50,000 80,000
③	現　　　金	180,000	前　受　金	180,000
④	前　受　金 受　取　手　形	180,000 140,000	売　　　上	320,000

6 - 4　立替金と預り金

	借　方　科　目	金　　額	貸　方　科　目	金　　額
①	立　　替　　金	50,000	現　　　　　　金	50,000
②	給　　　　　料	180,000	預　　り　　金	3,600
			普　通　預　金	176,400
③	給　　　　　料	150,000	立　　替　　金	30,000
			預　　り　　金	3,000
			普　通　預　金	117,000
④	預　　り　　金	6,000	現　　　　　　金	6,000

6 - 5　仮払金と仮受金

	借　方　科　目	金　　額	貸　方　科　目	金　　額
①	仮　　払　　金	50,000	現　　　　　　金	50,000
②	普　通　預　金	30,000	仮　　受　　金	30,000
③	仮　　受　　金	30,000	売　　掛　　金	30,000
④	旅　費　交　通　費	47,000	仮　　払　　金	50,000
	現　　　　　　金	3,000		

第 7 章　有形固定資産

7 - 1　有形固定資産の取得

	借　方　科　目	金　　額	貸　方　科　目	金　　額
①	建　　　　　物	7,000,000	当　座　預　金	6,700,000
			現　　　　　　金	300,000
②	備　　　　　品	150,000	当　座　預　金	150,000
③	車　両　運　搬　具	2,750,000	現　　　　　　金	2,750,000

※　登記料，仲介手数料等の付随費用は固定資産の取得原価に含めて処理をする。

7－2　**有形固定資産の減価償却**

	借方科目	金　額	貸方科目	金　額
①	減 価 償 却 費	280,000	建物減価償却累計額	280,000
②	減 価 償 却 費	30,000	備品減価償却累計額	30,000
③	減 価 償 却 費	550,000	車両運搬具減価償却累計額	550,000

7.－3　**有形固定資産の売却**

	借方科目	金　額	貸方科目	金　額
①	現　　　　　金	500,000	土　　　　　地	300,000
			固 定 資 産 売 却 益	200,000
②	未 　 収 　 入 　 金	700,000	土　　　　　地	800,000
	固 定 資 産 売 却 損	100,000		

第8章　資本金と税金

8－1　**資本の引出し**

	借方科目	金　額	貸方科目	金　額
①	資　　本　　金	150,000	現　　　　　金	150,000
②	資　　本　　金	7,200	現　　　　　金	18,000
	水 　 道 　 光 　 熱 　 費	10,800		
③	現　　　　　金	70,000	資　　本　　金	70,000

※　私的な目的で使用した店の現金を返却する際は，資本金の増加として処理する。

8－2　**租税公課**

	借方科目	金　額	貸方科目	金　額
①	租 　 税 　 公 　 課	200,000	現　　　　　金	200,000
②	租 　 税 　 公 　 課	50,000	現　　　　　金	50,000
③	租 　 税 　 公 　 課	40,000	現　　　　　金	45,000
	通 　 信 　 費	5,000		

※　収入印紙や切手は，購入時に費用として処理する。その際，収入印紙は租税公課勘定，切手は通信費勘定を用いる。

第9章 伝票会計

9－1 3伝票制における起票

入金伝票	
×1年7月1日	
科　目	金　額
売掛金	50,000

出金伝票	
×1年7月1日	
科　目	金　額
買掛金	25,000

振替伝票			
×1年7月1日			
借方科目	金　額	貸方科目	金　額
通信費	10,000	当座預金	10,000

9－2 3伝票制における起票（一部振替取引）

（1）取引を分割する方法

出金伝票	
×1年8月1日	
科　目	金　額
仕入	100,000

振替伝票			
×1年8月1日			
借方科目	金　額	貸方科目	金　額
仕入	200,000	買掛金	200,000

（2）取引を擬制する方法

振替伝票			
×1年8月1日			
借方科目	金　額	貸方科目	金　額
仕入	300,000	買掛金	300,000

出金伝票	
×1年8月1日	
科　目	金　額
買掛金	100,000

9－3　**仕訳集計表の作成**

仕 訳 週 計 表
×1年 5 月 5 日

借　　方	勘 定 科 目	貸　　方
430,000	現　　　　　金	110,000
70,000	当 座 預 金	60,000
130,000	売 　 掛 　 金	70,000
40,000	買 　 掛 　 金	80,000
	借 　 入 　 金	300,000
	売　　　　　上	200,000
100,000	仕　　　　　入	
50,000	消 耗 品 費	
820,000		820,000

※　各伝票に記載した内容を，仕訳で示すと次のとおりである。

取引日	伝票名	伝票番号	仕訳例
×1年 5 月 1 日	入金伝票	No.101	（借）現　　　　　金　300,000　（貸）借　入　金　300,000
〃	出金伝票	No.201	（借）消 耗 品 費　50,000　（貸）現　　　　金　50,000
×1年 5 月 2 日	出金伝票	No.202	（借）仕　　　　　入　20,000　（貸）現　　　　金　20,000
	振替伝票	No.301	（借）仕　　　　　入　80,000　（貸）買 掛 金　80,000
×1年 5 月 3 日	入金伝票	No.102	（借）現　　　　　金　60,000　（貸）当 座 預 金　60,000
×1年 5 月 4 日	入金伝票	No.103	（借）現　　　　　金　70,000　（貸）売　　　　上　70,000
	振替伝票	No.302	（借）売 掛 金　130,000　（貸）売　　　　上　130,000
×1年 5 月 5 日	出金伝票	No.203	（借）買 掛 金　40,000　（貸）現　　　　金　40,000
〃	振替伝票	No.303	（借）当 座 預 金　70,000　（貸）売 掛 金　70,000

9－4 仕訳集計表の作成と総勘定元帳への転記

仕 訳 日 計 表
×1年1月4日

借　　方	勘 定 科 目	貸　　方
330,000	現　　　　金	110,000
300,000	売　　掛　　金	270,000
130,000	備　　　　品	
90,000	買　　掛　　金	200,000
	未　　払　　金	130,000
	前　　受　　金	60,000
	売　　　　上	300,000
200,000	仕　　　　入	
20,000	通　　信　　費	
1,070,000		1,070,000

総 勘 定 元 帳
現　　金

1/ 1	前 期 繰 越	300,000	1/ 4	［仕 訳 日 計 表］（	110,000)
4	［仕 訳 日 計 表］（	330,000)			

売 掛 金

1/ 1	前 期 繰 越	450,000	1/ 4	［仕 訳 日 計 表］（	270,000)
4	［仕 訳 日 計 表］（	300,000)			

備　　品

1/ 1	前 期 繰 越	120,000			
4	［仕 訳 日 計 表］（	130,000)			

買 掛 金

1/ 4	［仕 訳 日 計 表］（	90,000)	1/ 1	前 期 繰 越	100,000
			4	［仕 訳 日 計 表］（	200,000)

未 払 金

			1/ 1	前 期 繰 越	50,000
			4	［仕 訳 日 計 表］（	130,000)

前 受 金

			1/ 1	前 期 繰 越	70,000
			4	［仕 訳 日 計 表］（	60,000)

```
                          売        上
────────────────────────────┬────────────────────────────
                            │ 1/ 4 ［仕 訳 日 計 表］ （   300,000)

                          仕        入
────────────────────────────┬────────────────────────────
1/ 4 ［仕 訳 日 計 表］ （   200,000) │

                          通  信  費
────────────────────────────┬────────────────────────────
1/ 4 ［仕 訳 日 計 表］ （    20,000) │
```

※　各伝票に記載した内容を取引①から⑦とし，仕訳で示すと次のとおりである。

取引	伝票名	伝票番号	仕訳例
①	入金伝票	No.101	（借）現　　　　　金　150,000　（貸）売　掛　金　150,000
②	出金伝票	No.201	（借）通　信　費　20,000　（貸）現　　　　金　20,000
③	振替伝票 出金伝票	No.301 No.202	（借）仕　　　　　入　200,000　（貸）買　掛　金　200,000 （借）買　掛　金　40,000　（貸）現　　　　金　40,000
④	振替伝票 入金伝票	No.302 No.102	（借）売　掛　金　300,000　（貸）売　　　　上　300,000 （借）現　　　　金　120,000　（貸）売　掛　金　120,000
⑤	振替伝票	No.303	（借）備　　　　　品　130,000　（貸）未　払　金　130,000
⑥	入金伝票	No.103	（借）現　　　　　金　60,000　（貸）前　受　金　60,000
⑦	出金伝票	No.203	（借）買　掛　金　50,000　（貸）現　　　　金　50,000

第10章　決算⑴試算表と精算表

10-1 合計試算表と残高試算表の作成

(1) 合計試算表

合　計　試　算　表
×1年4月30日

借 方 合 計	勘 定 科 目	貸 方 合 計
930,000	現　　　　金	453,000
450,000	売　掛　金	5,000
288,000	備　　　品	
3,000	買　掛　金	233,000
	借　入　金	330,000
	資　本　金	600,000
5,000	売　　　上	450,000
233,000	仕　　　入	3,000
20,000	水 道 光 熱 費	
145,000	支　払　家　賃	
2,074,000		2,074,000

(2) 残高試算表

残　高　試　算　表
×1年4月30日

借 方 残 高	勘 定 科 目	貸 方 残 高
477,000	現　　　　金	
445,000	売　掛　金	
288,000	備　　　品	
	買　掛　金	230,000
	借　入　金	330,000
	資　本　金	600,000
	売　　　上	445,000
230,000	仕　　　入	
20,000	水 道 光 熱 費	
145,000	支　払　家　賃	
1,605,000		1,605,000

10－2　合計残高試算表の作成

合 計 残 高 試 算 表
×1年 8 月31日

借 方 残 高	借 方 合 計	勘 定 科 目	貸 方 合 計	貸 方 残 高
315,000	505,000	現　　　金	190,000	
308,000	840,000	当 座 預 金	532,000	
114,000	280,000	受 取 手 形	166,000	
348,000	854,000	売 　掛　 金	506,000	
	130,000	支 払 手 形	238,000	108,000
	340,000	買 　掛　 金	372,000	32,000
	75,000	未 　払　 金	90,000	15,000
	100,000	借 　入　 金	200,000	100,000
		資 　本　 金	680,000	680,000
	48,000	売　　　上	942,000	894,000
490,000	512,000	仕　　　入	22,000	
100,000	100,000	給　　　料		
150,000	150,000	支 払 家 賃		
4,000	4,000	支 払 利 息		
1,829,000	3,938,000		3,938,000	1,829,000

※　解答の手順は次のとおり。

30日の仕訳

	(借) 仕　　　入	14,000	(貸) 買 　掛　 金	14,000
	(借) 売 　掛　 金	18,000	(貸) 売　　　上	18,000
	(借) 借 　入　 金	100,000	(貸) 当 座 預 金	102,000
	支 払 利 息	2,000		
	(借) 当 座 預 金	50,000	(貸) 受 取 手 形	50,000
	(借) 支 払 手 形	30,000	(貸) 当 座 預 金	30,000

31日の仕訳

	(借) 仕　　　入	22,000	(貸) 買 　掛　 金	22,000
	(借) 売 　掛　 金	36,000	(貸) 売　　　上	36,000
	(借) 給　　　料	20,000	(貸) 当 座 預 金	20,000
	(借) 当 座 預 金	80,000	(貸) 売 　掛　 金	80,000
	(借) 買 　掛　 金	90,000	(貸) 支 払 手 形	90,000

精 算 表 （単位：円）

勘定科目	残高試算表		損益計算書		貸借対照表	
	借　方	貸　方	費　用	収　益	資　産	負債・純資産
現　　　　　金	432,000				432,000	
普 通 預 金	192,000				192,000	
売　掛　金	627,000				627,000	
買　掛　金		240,000				240,000
借　入　金		96,000				96,000
資　本　金		840,000				840,000
売　　　上		1,650,000		1,650,000		
受 取 手 数 料		45,000		45,000		
仕　　　入	1,300,000		1,300,000			
給　　　料	112,800		112,800			
通　信　費	3,600		3,600			
支 払 家 賃	202,400		202,400			
支 払 利 息	1,200		1,200			
当期純（利益）			75,000			75,000
	2,871,000	2,871,000	1,695,000	1,695,000	1,251,000	1,251,000

第11章　決算(2)損益計算書と貸借対照表

11－1　損益計算書と貸借対照表の作成①

損 益 計 算 書
自　×1年4月1日　至　×2年3月31日

費　用	金　額	収　益	金　額
売 上 原 価	1,925,000	売 上 高	3,500,000
給　料	485,000		
水 道 光 熱 費	120,000		
支 払 家 賃	700,000		
支 払 利 息	20,000		
当 期 純（利益）	250,000		
合計	3,500,000	合計	3,500,000

貸 借 対 照 表
×2年3月31日

資　　産	金　　額	負債・純資産	金　　額
現　　　　　金	490,000	買　　掛　　金	350,000
普　通　預　金	820,000	借　　入　　金	400,000
売　　掛　　金	690,000	資　　本　　金	1,250,000
合計	2,000,000	合計	2,000,000

※　当期純利益¥250,000は，資本金の額に含めて表示する。

11－2　損益計算書と貸借対照表の作成②

損 益 計 算 書
自　×1年4月1日　至　×2年3月31日

費　　用	金　　額	収　　益	金　　額
売　上　原　価	1,400,000	売　　上　　高	4,000,000
給　　　　　料	468,000		
広　告　宣　伝　費	220,000		
旅　費　交　通　費	154,000		
減　価　償　却　費	50,000		
通　　信　　費	72,000		
水　道　光　熱　費	66,000		
支　払　家　賃	1,320,000		
保　　険　　料	120,000		
支　払　利　息	30,000		
当　期　純（利　益）	100,000		
合計	4,000,000	合計	4,000,000

貸 借 対 照 表
×2年3月31日

資　　産	金　　額	負債・純資産	金　　額
現　　　　　金	1,350,000	買　　掛　　金	1,120,000
当　座　預　金	1,460,000	借　　入　　金	1,500,000
売　　掛　　金	1,010,000	資　　本　　金	1,900,000
商　　　　　品	600,000		
備　　　　　品	250,000		
減価償却累計額	△　150,000		
合計	4,520,000	合計	4,520,000

※　当期純利益¥100,000は，資本金の額に含めて表示する。

第 II 部

基礎編

（解答・解説）

第12章　現金預金

12-1　現金預金取引の復習

	借方科目	金　額	貸方科目	金　額
①	広 告 宣 伝 費	200,000	現　　　　　金	200,000
②	通 　信 　費	15,000	普 通 預 金	15,000
③	定 期 預 金	400,000	当 座 預 金	400,000
④	当 座 預 金	500,000	借 　入 　金	500,000
⑤	現　　　　　金	100,000	売 　掛 　金	100,000
⑥	買 　掛 　金	300,000	当 座 預 金	300,000
⑦	当 座 預 金	250,000	売　　　　　上	250,000

12-2　現金出納帳の作成

現 金 出 納 帳　　　　　2

×1年		摘　　要	収　　入	支　　出	残　　高
5	1	前月繰越	400,000		400,000
	5	川崎商店から売掛金回収	120,000		520,000
	8	千葉商店へ仕入代金支払い		100,000	420,000
	10	西武商店へ売上げ，小切手受領	130,000		550,000
	18	東京商店へ仕入代金支払い		80,000	470,000
	25	当月分給料の支払い		150,000	320,000
	31	次月繰越		320,000	
			650,000	650,000	
6	1	前月繰越	320,000		320,000

12-3　現金過不足の処理

	借方科目	金額	貸方科目	金額
①	現　金	5,000	現 金 過 不 足	5,000
②	現 金 過 不 足	5,000	売　掛　金 雑　　益	4,000 1,000
③	現 金 過 不 足	7,000	現　金	7,000
④	旅 費 交 通 費 買　掛　金 雑　　損	4,000 2,500 500	現 金 過 不 足	7,000
⑤	現 金 過 不 足	10,000	現　金	10,000
⑥	通　信　費 保　険　料	5,000 8,000	現 金 過 不 足 受 取 手 数 料 雑　　益	10,000 2,000 1,000

※　⑥については，以下の3つの仕訳から構成されている。

|　　(借) 通　信　費　5,000　(貸) 現 金 過 不 足　13,000
|　　　　　保　険　料　8,000
|　　(借) 現 金 過 不 足　2,000　(貸) 受 取 手 数 料　2,000
|　　(借) 現 金 過 不 足　1,000　(貸) 雑　益　1,000

12-4　当座預金出納帳の作成

当 座 預 金 出 納 帳　　　　　2

×1年		摘　要	預　入	引　出	借/貸	残　高
5	1	前月繰越	700,000		借	700,000
	5	神戸商店より商品仕入れ		300,000	〃	400,000
	11	現金の預け入れ	120,000		〃	520,000
	19	葛飾商店から売掛金回収	200,000		〃	720,000
	25	当月分家賃支払い		180,000	〃	540,000
	31	次月繰越		540,000		
			1,020,000	1,020,000		
6	1	前月繰越	540,000		借	540,000

12－5 当座借越の処理

	借方科目	金額	貸方科目	金額
①	買　　掛　　金	500,000	当　座　預　金	500,000
②	当　座　預　金	50,000	当　座　借　越	50,000
③	当　座　借　越	50,000	当　座　預　金	50,000

※　当座借越勘定については，（短期）借入金勘定でも可

12－6 小口現金

	借方科目	金額	貸方科目	金額
①	小　口　現　金	40,000	当　座　預　金	40,000
②	旅　費　交　通　費 消　耗　品　費 通　　信　　費 雑　　　　　費	16,000 12,000 7,000 3,000	小　口　現　金	38,000
③	小　口　現　金	38,000	当　座　預　金	38,000

※　②・③をまとめ，小切手を振り出して，ただちに小口現金を補給した場合は次のような仕訳になる。

（借）旅費交通費　16,000　（貸）当座預金　38,000
　　　消耗品費　12,000
　　　通信費　7,000
　　　雑費　3,000

12－7　小口現金出納帳の作成

小口現金出納帳

4

受　　　入	×1年		摘　　　要	支　　　払	内　　　訳		
					通信費	旅費交通費	消耗品費
40,000	7	1	前月繰越				
		8	ノート代	4,000			4,000
		15	電車代	3,500		3,500	
		24	郵便切手代	5,000	5,000		
			合　　計	12,500	5,000	3,500	4,000
12,500		31	小切手を受入れ				
		〃	**次月繰越**	40,000			
52,500				52,500			
40,000	8	1	前月繰越				

第13章　商品売買

13－1　商品売買取引の復習

	借　方　科　目	金　　　額	貸　方　科　目	金　　　額
①	仕　　　　　　入	410,000	買　　掛　　金 現　　　　　金	400,000 10,000
②	現　　　　　　金 売　　掛　　金	150,000 200,000	売　　　　　上	350,000
③	買　　掛　　金	200,000	当　座　預　金	200,000
④	現　　　　　　金	100,000	売　　掛　　金	100,000
⑤	買　　掛　　金	50,000	仕　　　　　入	50,000
⑥	売　　　　　　上	40,000	売　　掛　　金	40,000

13-2 　売上諸掛

	借方科目	金　額	貸方科目	金　額
①	売　　掛　　金	180,000	売　　　　　上	180,000
	発　　送　　費	2,000	現　　　　　金	2,000
②	売　　掛　　金	408,000	売　　　　　上	408,000
	発　　送　　費	8,000	当　座　預　金	8,000

13-3 　仕入帳と買掛金元帳

仕　　入　　帳

×1年		摘　　要			内　　訳	金　　額
4	6	東京商店		掛		
		ワイシャツ	30枚	@¥4,000		120,000
	7	**東京商店**		**掛返品**		
		ワイシャツ	**5枚**	**@¥4,000**		**20,000**
	15	埼玉商店		掛		
		紳士靴	10足	@¥15,000	150,000	
		引取運賃現金払い			4,000	154,000
	24	埼玉商店		小切手・掛		
		ネクタイ	20本	@¥3,000	60,000	
		カフス	7個	@¥10,000	70,000	130,000
	30		総　仕　入　高			404,000
	〃		**仕　入　戻　し　高**			**20,000**
			純　仕　入　高			384,000

買 掛 金 元 帳
東京商店

×1年		摘　　要	借　　方	貸　　方	借/貸	残　　高
4	1	前 期 繰 越		300,000	貸	300,000
	6	仕　　入		120,000	〃	420,000
	7	返　　品	20,000		〃	400,000
	30	次 月 繰 越	400,000			
			420,000	420,000		
5	1	前 月 繰 越		400,000	貸	400,000

埼玉商店

×1年		摘　　要	借　　方	貸　　方	借/貸	残　　高
4	1	前 期 繰 越		270,000	貸	270,000
	15	仕　　入		150,000	〃	420,000
	24	仕　　入		80,000	〃	500,000
	28	支　　払	50,000		〃	450,000
	30	次 月 繰 越	450,000			
			500,000	500,000		
5	1	前 月 繰 越		450,000	貸	450,000

※　4月24日の埼玉商店からの仕入取引は，仕入額¥130,000のうち¥50,000が当座取引であり，残額が掛取引である。そのため，埼玉商店の買掛金元帳には¥80,000が計上される。

116

13－4 売上帳と売掛金元帳

売　上　帳

×1年		摘　要			内　訳	金　額
4	7	千葉商店		掛		
		電話機	7台	@¥25,000		175,000
	8	**千葉商店**		**掛返品**		
		電話機	**1台**	**@¥25,000**		**25,000**
	16	埼玉商店		掛		
		プリンター	6台	@¥15,000	90,000	
		スキャナー	3台	@¥50,000	150,000	240,000
	25	埼玉商店		小切手・掛		
		モニター	5台	@¥40,000		200,000
	30		総 売 上 高			615,000
	〃		**売 上 戻 り 高**			**25,000**
			純 売 上 高			590,000

売　掛　金　元　帳
千葉商店

×1年		摘　要	借　方	貸　方	借/貸	残　高
4	1	前 期 繰 越	300,000		借	300,000
	7	売　　上	175,000		〃	475,000
	8	返　　品		25,000	〃	450,000
	29	入　　金		100,000	〃	350,000
	30	次 月 繰 越		350,000		
			475,000	475,000		
5	1	前 月 繰 越	350,000		借	350,000

埼玉商店

×1年		摘　要	借　方	貸　方	借/貸	残　高
4	1	前 期 繰 越	150,000		借	150,000
	16	売　　上	240,000		〃	390,000
	25	売　　上	60,000		〃	450,000
	30	次 月 繰 越		450,000		
			450,000	450,000		
5	1	前 月 繰 越	450,000		借	450,000

※　4月25日の埼玉商店への販売取引は，売上額￥200,000のうち￥140,000が現金取引であり，残額が掛取引である。そのため，埼玉商店の売掛金元帳には￥60,000が計上される。

13-5　商品有高帳の作成①（先入先出法と移動平均法）

(1)　先入先出法

商　品　有　高　帳

（先入先出法）　　　　　　　　　　タブレット

×1年		摘　要	受　入			払　出			残　高		
			数量	単価	金額	数量	単価	金額	数量	単価	金額
4	1	前期繰越	18	20,000	360,000				18	20,000	360,000
	8	仕　入	12	25,000	300,000				18	20,000	360,000
									12	25,000	300,000
	13	売　上				18	20,000	360,000	12	25,000	300,000
	22	仕　入	24	28,000	672,000				12	25,000	300,000
									24	28,000	672,000
	28	売　上				12	25,000	300,000			
						8	28,000	224,000	16	28,000	448,000
	30	次月繰越				16	28,000	448,000			
			54		1,332,000	54		1,332,000			
5	1	前月繰越	16	28,000	448,000				16	28,000	448,000

(2)　移動平均法

商　品　有　高　帳

（移動平均法）　　　　　　　　　　タブレット

×1年		摘　要	受　入			払　出			残　高		
			数量	単価	金額	数量	単価	金額	数量	単価	金額
4	1	前期繰越	18	20,000	360,000				18	20,000	360,000
	8	仕　入	12	25,000	300,000				30	22,000	660,000
	13	売　上				18	22,000	396,000	12	22,000	264,000
	22	仕　入	24	28,000	672,000				36	26,000	936,000
	28	売　上				20	26,000	520,000	16	26,000	416,000
	30	次月繰越				16	26,000	416,000			
			54		1,332,000	54		1,332,000			
5	1	前月繰越	16	26,000	416,000				16	26,000	416,000

13-6 商品有高帳の作成② (売上総利益の計算)

(1) 先入先出法

商 品 有 高 帳

(先入先出法)　　　　　　　　　　　　電卓

×1年		摘　要	受　入			払　出			残　高		
			数量	単価	金額	数量	単価	金額	数量	単価	金額
4	1	前期繰越	10	2,000	20,000				10	2,000	20,000
	5	仕　入	30	2,400	72,000				10	2,000	20,000
									30	2,400	72,000
	11	売　上				10	2,000	20,000			
						10	2,400	24,000	20	2,400	48,000
	21	仕　入	36	3,000	108,000				20	2,400	48,000
									36	3,000	108,000
	27	売　上				20	2,400	48,000			
						20	3,000	60,000	16	3,000	48,000
	30	次月繰越				16	3,000	48,000			
			76		200,000	76		200,000			
5	1	前月繰越	16	3,000	48,000				16	3,000	48,000

(単位：円)

売　　上　　高（　　　　248,000　　）
売　上　原　価（　　　　152,000　　）
　売　上　総　利　益（　　　　96,000　　）

(2) 移動平均法

商 品 有 高 帳

(移動平均法)　　　　　　　　　　　　電卓

×1年		摘　要	受　入			払　出			残　高		
			数量	単価	金額	数量	単価	金額	数量	単価	金額
4	1	前期繰越	10	2,000	20,000				10	2,000	20,000
	5	仕　入	30	2,400	72,000				40	2,300	92,000
	11	売　上				20	2,300	46,000	20	2,300	46,000
	21	仕　入	36	3,000	108,000				56	2,750	154,000
	27	売　上				40	2,750	110,000	16	2,750	44,000
	30	次月繰越				16	2,750	44,000			
			76		200,000	76		200,000			
5	1	前月繰越	16	2,750	44,000				16	2,750	44,000

（単位：円）

売　　上　　高 （	248,000 ）
売　上　原　価 （	156,000 ）
売　上　総　利　益 （	92,000 ）

13−7　売上原価の計算

(1)　売上原価の計算を仕入勘定で行う場合

借 方 科 目	金　　額	貸 方 科 目	金　　額
仕　　　　　　　入	550,000	繰　越　商　品	550,000
繰　越　商　品	500,000	仕　　　　　　　入	500,000

総 勘 定 元 帳

仕　　入

4/1〜3/31	諸	口	8,550,000	3/31	［繰　越　商　品］	（ 500,000）
3/31	［繰　越　商　品］	（ 550,000）				

繰 越 商 品

4/ 1	前　期　繰　越	550,000	3/31	［仕　　　　　入］	（ 550,000）	
3/31	［仕　　　　　入］	（ 500,000）				

(2)　売上原価の計算を売上原価勘定で行う場合

借 方 科 目	金　　額	貸 方 科 目	金　　額
売　上　原　価	550,000	繰　越　商　品	550,000
売　上　原　価	8,550,000	仕　　　　　　　入	8,550,000
繰　越　商　品	500,000	売　上　原　価	500,000

総 勘 定 元 帳

仕　　入

4/1〜3/31	諸	口	8,550,000	3/31	［売　上　原　価］	（ 8,550,000）

売 上 原 価

3/31	［繰　越　商　品］	（ 550,000）	3/31	［繰　越　商　品］	（ 500,000）	
〃	［仕　　　　　入］	（ 8,550,000）				

繰 越 商 品

4/ 1	前　期　繰　越	550,000	3/31	［売　上　原　価］	（ 550,000）	
3/31	［売　上　原　価］	（ 500,000）				

(3)　売上原価の金額

売　上　原　価	¥	8,600,000

第14章　手 形 等

14－1　手形取引の復習

	借 方 科 目	金 額	貸 方 科 目	金 額
①	仕　　　　　入	150,000	支　払　手　形	150,000
②	支　払　手　形	150,000	当　座　預　金	150,000
③	受　取　手　形	40,000	売　　　　　上	40,000
④	当　座　預　金	40,000	受　取　手　形	40,000

14－2　電子記録債権と電子記録債務の復習

	借 方 科 目	金 額	貸 方 科 目	金 額
①	売　掛　金	44,000	売　　　　　上	44,000
②	電 子 記 録 債 権	44,000	売　掛　金	44,000
③	当　座　預　金	44,000	電 子 記 録 債 権	44,000
④	仕　　　　　入	30,000	買　掛　金	30,000
⑤	買　掛　金	30,000	電 子 記 録 債 務	30,000
⑥	電 子 記 録 債 務	30,000	当　座　預　金	30,000

14－3　支払手形記入帳と受取手形記入帳への記入

支払手形記入帳

×1年		手形種類	手形番号	摘 要	受取人	振出人	振出日		満期日		支払場所	手形金額	てん末		
							月	日	月	日			月	日	摘要
5	5	約手	#1	仕入	東京商店	当　社	5	5	6	5	埼玉銀行浦和支店	3,000	6	5	当座支払

受取手形記入帳

×1年		手形種類	手形番号	摘 要	支払人	振出人または裏書人	振出日		満期日		支払場所	手形金額	てん末		
							月	日	月	日			月	日	摘要
6	5	約手	#2	売上	神奈川商事	神奈川商事	6	5	7	5	川崎銀行川崎支店	4,000	7	5	入金

14－4　手形貸付金と手形借入金

	借方科目	金　額	貸方科目	金　額
①	手 形 貸 付 金	1,000,000	現　　　　　　金	1,000,000
②	現　　　　　　金	1,010,000	手 形 貸 付 金 受 取 利 息	1,000,000 10,000
③	当 座 預 金 支 払 利 息	4,905,500 94,500	手 形 借 入 金	5,000,000
④	手 形 借 入 金	5,000,000	当 座 預 金	5,000,000

※　② 受取利息：¥1,000,000×3％×4ヵ月/12ヵ月＝¥10,000

　　③ 支払利息：¥5,000,000×3.65％×189日/365日＝¥94,500

14－5　その他の債権債務

	借方科目	金　額	貸方科目	金　額
①	給　　　　　　料	5,000,000	当 座 預 金 所 得 税 預 り 金 社 会 保 険 料 預 り 金	4,650,000 150,000 200,000
②	法 定 福 利 費 社 会 保 険 料 預 り 金 従 業 員 立 替 金	16,000 2,000 6,000	当 座 預 金	24,000
③	当 座 預 金 支 払 利 息	49,750 250	役 員 借 入 金	50,000
④	役 員 貸 付 金	1,000,000	当 座 預 金	1,000,000
⑤	当 座 預 金	20,000	受 取 商 品 券	20,000
⑥	支 払 家 賃 差 入 保 証 金	300,000 300,000	当 座 預 金	600,000

※　③ 支払利息：¥50,000×1％×6ヵ月/12ヵ月＝¥250

第15章　貸倒引当金

15－1　貸倒損失

	借方科目	金　額	貸方科目	金　額
①	貸 倒 損 失	7,000	売　　掛　　金	7,000
②	貸 倒 損 失	9,000	受 取 手 形	9,000

15-2 貸倒引当金の設定（差額補充法）

	借 方 科 目	金　額	貸 方 科 目	金　額
①	貸 倒 引 当 金 繰 入	20,000	貸 倒 引 当 金	20,000
②	貸 倒 引 当 金	500	貸 倒 引 当 金 戻 入	500

※　①　貸倒引当金繰入：￥1,000,000×3％－￥10,000＝￥20,000

　　②　貸倒引当金戻入：￥2,500－￥100,000×2％＝￥500

15-3 貸倒損失と償却債権取立益

	借 方 科 目	金　額	貸 方 科 目	金　額
①	貸 倒 引 当 金 繰 入	65,000	貸 倒 引 当 金	65,000
②	貸 倒 引 当 金	50,000	売 　 掛 　 金	50,000
③	貸 倒 引 当 金 貸 倒 損 失	40,000 20,000	売 　 掛 　 金	60,000
④	貸 倒 引 当 金 繰 入	120,000	貸 倒 引 当 金	120,000
⑤	現 　 金	10,000	償 却 債 権 取 立 益	10,000

※　①　貸倒引当金繰入：￥3,000,000×3％－￥25,000＝￥65,000

　　④　貸倒引当金繰入：￥3,000,000×4％－￥0＝￥120,000

第16章　有形固定資産

16-1 有形固定資産の取得

	借 方 科 目	金　額	貸 方 科 目	金　額
①	備 　 品	353,000	当 座 預 金 未 払 金 現 金	50,000 300,000 3,000
②	土 　 地	10,550,000	当 座 預 金	10,550,000
③	建 　 物	500,000	当 座 預 金	500,000
④	建 　 物 修 繕 費	300,000 500,000	未 払 金	800,000

16－2　減価償却費の計算（定額法・間接法）

	借 方 科 目	金 額	貸 方 科 目	金 額
①	減 価 償 却 費	40,000	建物減価償却累計額	40,000
②	減 価 償 却 費	60,000	備品減価償却累計額	60,000
③	減 価 償 却 費	80,000	車両運搬具減価償却累計額	80,000

※　① 減価償却費：（¥2,000,000 － ¥ 0）÷50年 ＝ ¥40,000
　　② 減価償却費：（¥300,000 － ¥ 0）÷ 5 年 ＝ ¥60,000
　　③ 減価償却費；（¥800,000 － ¥ 0）÷ 5 年 × 6 ヵ月/12ヵ月 ＝ ¥80,000

16－3　有形固定資産の売却

	借 方 科 目	金 額	貸 方 科 目	金 額
①	未 収 入 金	1,200,000	土 地 固 定 資 産 売 却 益	1,000,000 200,000
②	建物減価償却累計額 未 収 入 金	750,000 530,000	建 物 固 定 資 産 売 却 益	1,250,000 30,000
③	備品減価償却累計額 現 金 固 定 資 産 売 却 損	150,000 80,000 20,000	備 品	250,000
④	車両運搬具減価償却累計額 減 価 償 却 費 現 金 固 定 資 産 売 却 損	250,000 125,000 1,100,000 25,000	車 両 運 搬 具	1,500,000

※　③ 備品減価償却累計額：（¥250,000 － ¥ 0）÷ 5 年 × 3 年 ＝ ¥150,000
　　④ 減価償却費：（¥1,500,000 － ¥ 0）÷ 6 年 × 6 ヵ月/12ヵ月 ＝ ¥125,000

16－4　固定資産台帳の作成

固定資産台帳

年月日			種類・用途	耐用年数	期首取得原価	減価償却累計額			期末帳簿価額
						期首残高	当期増減高	期末残高	
×2	4	1	備品A	5 年	300,000	(120,000)	(60,000)	(180,000)	(120,000)
×3	12	1	備品B	8 年	780,000	(32,500)	(97,500)	(130,000)	(650,000)
×4	7	1	備品C	3 年	120,000	(0)	(30,000)	(30,000)	(90,000)

※　備品A　当期増減額：（¥300,000 － ¥ 0）÷ 5 年 ＝ ¥60,000
　　　　　　減価償却累計額期首残高：¥60,000 × 2 年 ＝ ¥120,000
　　備品B　当期増減額：（¥780,000 － ¥ 0）÷ 8 年 ＝ ¥97,500
　　　　　　減価償却累計額期首残高：¥97,500 × 4 ヵ月/12ヵ月 ＝ ¥32,500
　　備品C　当期増減額：（¥120,000 － ¥ 0）÷ 3 年 × 9 ヵ月/12ヵ月 ＝ ¥30,000

第17章　株式会社会計

17－1　株式会社の設立と増資

	借方科目	金　額	貸方科目	金　額
①	当 座 預 金	10,000,000	資 本 金	10,000,000
②	当 座 預 金	15,000,000	資 本 金	15,000,000

17－2　当期純損益の振替え

	借方科目	金　額	貸方科目	金　額
①	損 益	68,000	繰 越 利 益 剰 余 金	68,000
②	繰 越 利 益 剰 余 金	100,000	損 益	100,000

17－3　利益の処分

	借方科目	金　額	貸方科目	金　額
①	繰 越 利 益 剰 余 金	110,000	未 払 配 当 金 利 益 準 備 金	100,000 10,000
②	未 払 配 当 金	100,000	当 座 預 金	100,000

第18章　税　金　等

18－1　租税公課の復習と法人税等

	借方科目	金　額	貸方科目	金　額
①	租 税 公 課	100,000	現 金	100,000
②	租 税 公 課 通 信 費	5,000 4,000	現 金	9,000
③	仮 払 法 人 税 等	1,030,000	当 座 預 金	1,030,000
④	法人税, 住民税及び事業税	2,080,000	仮 払 法 人 税 等 未 払 法 人 税 等	1,030,000 1,050,000
⑤	未 払 法 人 税 等	1,050,000	当 座 預 金	1,050,000

18－2　消費税（税抜方式）

	借方科目	金　額	貸方科目	金　額
①	仕　　　　　入 仮 払 消 費 税	50,000 5,000	買　　掛　　金	55,000
②	売　　掛　　金	110,000	売　　　　　上 仮 受 消 費 税	100,000 10,000
③	仮 受 消 費 税	10,000	仮 払 消 費 税 未 払 消 費 税	5,000 5,000
④	未 払 消 費 税	5,000	現　　　　　金	5,000

18－3　諸 会 費

	借方科目	金　額	貸方科目	金　額
①	諸　　会　　費	100,000	現　　　　　金	100,000
②	雑　　　　　費	5,000	現　　　　　金	5,000
③	諸　　会　　費	200,000	未　　払　　金	200,000

第19章　決　算 (1)

19- 1　合計試算表の復習

合 計 試 算 表
×1年5月31日

借 方 合 計	勘 定 科 目	貸 方 合 計
640,000	現　　　　　　金	304,000
620,000	当 座 預 金	429,000
40,000	受 取 手 形	22,000
130,000	売 　掛 　金	90,000
10,000	前 　払 　金	10,000
55,000	繰 越 商 品	
250,000	備　　　　　品	
15,000	支 払 手 形	45,000
100,000	買 　掛 　金	215,000
	備品減価償却累計額	100,000
	資 　本 　金	500,000
	繰 越 利 益 剰 余 金	25,000
10,000	売　　　　　上	630,000
393,000	仕　　　　　入	3,000
61,000	給　　　　　料	
14,000	水 道 光 熱 費	
35,000	支 払 家 賃	
2,373,000		2,373,000

※　×1年5月26日から31日までの諸取引の仕訳

	借 方 科 目	金　　額	貸 方 科 目	金　　額
26日	現　　　　　　金	30,000	売 　掛 　金	30,000
27日	仕　　　　　　入	80,000	前 　払 　金 買 　掛 　金	10,000 70,000
28日	現　　　　　　金	170,000	売　　　　　上	170,000
29日	水 道 光 熱 費	4,000	現　　　　　　金	4,000
30日	給　　　　　　料	19,000	当 座 預 金	19,000
31日	支 払 家 賃	10,000	当 座 預 金	10,000

19－2　残高試算表の復習

残 高 試 算 表
×1年 6 月30日

借 方 残 高	勘 定 科 目	貸 方 残 高
100,000	現　　　　　金	
136,500	当　座　預　金	
19,000	受　取　手　形	
197,000	売　　掛　　金	
180,000	繰　越　商　品	
800,000	建　　　　　物	
230,000	備　　　　　品	
500,000	土　　　　　地	
	（支　払　手　形）	10,000
	買　　掛　　金	194,500
	借　　入　　金	100,000
	貸　倒　引　当　金	10,000
	建物減価償却累計額	450,000
	備品減価償却累計額	142,000
	資　　本　　金	1,000,000
	繰 越 利 益 剰 余 金	43,000
	売　　　　　上	2,816,000
2,014,500	仕　　　　　入	
531,000	給　　　　　料	
28,000	水　道　光　熱　費	
29,500	通　　信　　費	
4,765,500		4,765,500

※ ×1年6月26日から30日までの諸取引の仕訳

	借方科目	金額	貸方科目	金額
26日	売掛金	9,000	売上	9,000
	当座預金	10,000	売掛金	10,000
27日	仕入	7,500	買掛金	7,500
	受取手形	9,000	売掛金	9,000
28日	買掛金	20,000	当座預金	20,000
29日	売掛金	7,000	売上	7,000
	仕入	7,000	買掛金	7,000
	買掛金	10,000	支払手形	10,000
30日	通信費	12,500	当座預金	33,500
	給料	21,000		

19－3　8桁精算表の作成①

精　算　表

（単位：円）

勘定科目	残高試算表 借　方	残高試算表 貸　方	修正記入 借　方	修正記入 貸　方	損益計算書 費　用	損益計算書 収　益	貸借対照表 資　産	貸借対照表 負債・純資産
現　　　　　金	51,300						51,300	
当 座 預 金	70,000						70,000	
売 　掛　 金	130,000						130,000	
繰 越 商 品	40,000		30,000	40,000			30,000	
建　　　　　物	250,000						250,000	
備　　　　　品	80,000						80,000	
買 　掛　 金		120,000						120,000
貸 倒 引 当 金		2,500		1,400				3,900
建物減価償却累計額		62,500		12,500				75,000
備品減価償却累計額		20,000		10,000				30,000
資 　本　 金		290,000						290,000
繰越利益剰余金		62,000						62,000
売　　　　　上		561,300				561,300		
仕　　　　　入	484,000		40,000	30,000	494,000			
水 道 光 熱 費	10,000		1,000		11,000			
保 　険　 料	3,000			600	2,400			
	1,118,300	1,118,300						
貸倒引当金繰入			1,400		1,400			
減 価 償 却 費			22,500		22,500			
未払水道光熱費				1,000				1,000
前 払 保 険 料			600				600	
当期純（利益）					30,000			30,000
			95,500	95,500	561,300	561,300	611,900	611,900

※1　決算整理事項等の仕訳

	借 方 科 目	金　額	貸 方 科 目	金　額
①	貸 倒 引 当 金 繰 入	1,400	貸 倒 引 当 金	1,400
②	仕　　　　　　入 繰 越 商 品	40,000 30,000	繰 越 商 品 仕　　　　　　入	40,000 30,000
③	減 価 償 却 費	22,500	建物減価償却累計額 備品減価償却累計額	12,500 10,000
④	水 道 光 熱 費	1,000	未 払 水 道 光 熱 費	1,000
⑤	前 払 保 険 料	600	保　　険　　料	600

※2　① 貸倒引当金繰入：￥130,000×3％−￥2,500＝￥1,400

　　　③ 建物減価償却費：（￥250,000−￥0）÷20年＝￥12,500

　　　　 備品減価償却費：（￥80,000−￥0）÷8年＝￥10,000

19－4　8桁精算表の作成②

精　算　表

（単位：円）

勘定科目	残高試算表 借方	残高試算表 貸方	修正記入 借方	修正記入 貸方	損益計算書 費用	損益計算書 収益	貸借対照表 資産	貸借対照表 負債・純資産
現　　　金	271,600		2,000				273,600	
現 金 過 不 足	700			700				
当 座 預 金	440,000						440,000	
電 子 記 録 債 権	180,000						180,000	
売 　掛 　金	348,000			8,000			340,000	
貸 　付 　金	300,000						300,000	
仮 　払 　金	20,000			20,000				
繰 越 商 品	500,000		550,000	500,000			550,000	
建　　　物	2,000,000						2,000,000	
車 両 運 搬 具	600,000						600,000	
土 　　　地	4,000,000						4,000,000	
買 　掛 　金		177,000						177,000
借 　入 　金		1,200,000						1,200,000
仮 　受 　金		8,000	8,000					
貸 倒 引 当 金		12,000		3,600				15,600
建物減価償却累計額		400,000		40,000				440,000
車両運搬具減価償却累計額		200,000		100,000				300,000
資 　本 　金		5,700,000						5,700,000
繰越利益剰余金		300,000						300,000
売 　　　上		7,800,000				7,800,000		
受 取 地 代		1,080,000	360,000			720,000		
仕 　　　入	6,500,000			6,500,000				
給 　　　料	1,500,000				1,500,000			
水 道 光 熱 費	74,700		700		75,400			
旅 費 交 通 費	106,000		18,000		124,000			
支 払 利 息	36,000				36,000			
	16,877,000	16,877,000						
貸倒引当金繰入			3,600		3,600			
売 上 原 価			500,000	550,000	6,450,000			
			6,500,000					
減 価 償 却 費			140,000		140,000			
（未 収）利 息			9,000				9,000	
受 取 利 息				9,000		9,000		
（前 受）地 代				360,000				360,000
当 期 純（利 益）					200,000			200,000
			8,091,300	8,091,300	8,529,000	8,529,000	8,692,600	8,692,600

※1　決算整理事項等の仕訳

	借方科目	金　額	貸方科目	金　額
①	旅　費　交　通　費 現　　　　　　金	18,000 2,000	仮　　払　　金	20,000
②	仮　　受　　金	8,000	売　　掛　　金	8,000
③	水　道　光　熱　費	700	現　金　過　不　足	700
④	貸　倒　引　当　金　繰　入	3,600	貸　倒　引　当　金	3,600
⑤	売　上　原　価 売　上　原　価 繰　越　商　品	500,000 6,500,000 550,000	繰　越　商　品 仕　　　　　入 売　上　原　価	500,000 6,500,000 550,000
⑥	減　価　償　却　費	140,000	建物減価償却累計額 車両運搬具減価償却累計額	40,000 100,000
⑦	未　収　利　息	9,000	受　取　利　息	9,000
⑧	受　取　地　代	360,000	前　受　地　代	360,000

※2　④　貸倒引当金繰入：（¥180,000＋［¥348,000－¥8,000]）×3％－¥12,000＝¥3,600

⑥　建物減価償却費：（¥2,000,000－¥0）÷50年＝¥40,000

　車両運搬具減価償却費：（¥600,000－¥0）÷6年＝¥100,000

⑦　未収利息：¥300,000×4％×9ヵ月/12ヵ月＝¥9,000

⑧　前受地代：¥720,000×6ヵ月/12ヵ月＝¥360,000

第20章　決　算(2)

20-1　棚卸表

借方科目	金　額	貸方科目	金　額
仕　　　　　入 繰　越　商　品	1,500 2,000	繰　越　商　品 仕　　　　　入	1,500 2,000
貸　倒　引　当　金　繰　入	130	貸　倒　引　当　金	130
減　価　償　却　費	20,000	建物減価償却累計額	20,000
貯　　蔵　　品	420	通　　信　　費	420
前　払　地　代	60,000	支　払　地　代	60,000
支　払　利　息	500	未　払　利　息	500

※　貸倒引当金繰入：¥14,000×2％－¥150＝¥130

減価償却費：（¥500,000－¥0）÷25年＝¥20,000

貯蔵品：@¥84×5枚＝¥420

前払地代：¥120,000×6ヵ月/12ヵ月＝¥60,000

未払利息：¥100,000×2％×3ヵ月/12ヵ月＝¥500

20－2　棚卸表と決算整理後残高試算表

決算整理後残高試算表

×2年3月31日

借方残高	勘定科目	貸方残高
37,650	現　　　　　金	
32,500	売　掛　金	
3,000	繰　越　商　品	
25,000	貸　付　金	
34,000	備　　　　　品	
	買　掛　金	13,500
	貸　倒　引　当　金	650
	備品減価償却累計額	12,750
	資　本　金	50,000
	繰越利益剰余金	3,500
	売　　　　　上	140,000
	受　取　手　数　料	18,000
	受　取　利　息	1,000
71,000	仕　　　　　入	
30,000	給　　　　　料	
4,100	水　道　光　熱　費	
12,000	支　払　家　賃	
	当　座　借　越	5,000
150	貸倒引当金繰入	
	未　払　消　費　税	3,500
4,250	減　価　償　却　費	
	前　受　手　数　料	6,000
250	未　収　利　息	
253,900		253,900

※　決算整理事項の仕訳

借方科目	金　額	貸方科目	金　額
当 座 預 金	5,000	当 座 借 越	5,000
仕　　　　　　入	4,000	繰 越 商 品	4,000
繰 越 商 品	3,000	仕　　　　　　入	3,000
貸 倒 引 当 金 繰 入	150	貸 倒 引 当 金	150
仮 受 消 費 税	14,000	仮 払 消 費 税	10,500
		未 払 消 費 税	3,500
減 価 償 却 費	4,250	備品減価償却累計額	4,250
受 取 手 数 料	6,000	前 受 手 数 料	6,000
未 収 利 息	250	受 取 利 息	250

20−3　帳簿の締切り

(1)　決算振替仕訳

	借方科目	金　額	貸方科目	金　額
収益	売　　　　　　上	9,000	損　　　　　　益	9,015
	受 取 手 数 料	15		
費用	損　　　　　　益	8,565	仕　　　　　　入	6,025
			給　　　　　　料	1,200
			支 払 家 賃	900
			水 道 光 熱 費	70
			広 告 宣 伝 費	55
			旅 費 交 通 費	33
			貸 倒 引 当 金 繰 入	15
			減 価 償 却 費	250
			雑　　　　　　費	12
			支 払 利 息	5
損益	損　　　　　　益	450	繰 越 利 益 剰 余 金	450

(2)　繰越利益剰余金勘定

繰越利益剰余金　　　　　　　　20

日付		摘　要	仕丁	借　方	日付		摘　要	仕丁	貸　方
6	26	未 払 配 当 金	〃	1,000	4	1	前 期 繰 越	〃	1,950
		利 益 準 備 金	省	100	3	31	損　　　　益	省	450
3	31	次 期 繰 越		1,300					
		略		2,400			略		2,400
		〃			4	1	前 期 繰 越	〃	1,300

第21章　決 算 ⑶

21－1　損益計算書と貸借対照表の作成①

損 益 計 算 書
自×1年4月1日　至×2年3月31日

費　　　用	金　　額	収　　　益	金　　額
売　上　原　価	45,300	売　　上　　高	60,000
給　　　　　料	4,000	受　取　手　数　料	500
支　払　家　賃	1,800	受　取　利　息	1,000
水　道　光　熱　費	590		
租　税　公　課	60		
貸　倒　引　当　金　繰　入	250		
減　価　償　却　費	2,500		
法人税, 住民税及び事業税	2,100		
（当　期　純　利　益）	4,900		
合計	61,500	合計	61,500

貸 借 対 照 表
×2年3月31日

資　　　産	内　　訳	金　　額	負債・純資産	金　　額
現　　　　　金		3,500	買　　掛　　金	20,000
売　　掛　　金	22,500		借　　入　　金	15,000
貸　倒　引　当　金	450	22,050	未　払　法　人　税　等	1,100
商　　　　　品		23,100	前　　受　　収　　益	80
貸　　付　　金		50,000	未　　払　　費　　用	400
貯　　蔵　　品		30	資　　本　　金	50,000
前　払　費　用		150	繰　越　利　益　剰　余　金	25,000
未　収　収　益		250		
備　　　　　品	20,000			
減　価　償　却　累　計　額	7,500	12,500		
合計		111,580	合計	111,580

※　当期純利益¥4,900は，繰越利益剰余金の額に含められている。

損 益 計 算 書
自　×1年1月1日　至　×1年12月31日

費　　　用	金　　額	収　　　益	金　　額
売 上 原 価	4,310,000	売　　上　　高	7,000,000
給　　　　料	1,100,000	受 取 地 代	300,000
広 告 宣 伝 費	700,000	受 取 利 息	15,000
水 道 光 熱 費	108,000		
通　信　費	250,000		
保　険　料	180,000		
貸 倒 引 当 金 繰 入	12,000		
減 価 償 却 費	140,000		
雑 （ 損 ）	3,000		
支 払 利 息	12,000		
法人税, 住民税及び事業税	150,000		
（ 当 期 純 利 益 ）	350,000		
合計	7,315,000	合計	7,315,000

貸 借 対 照 表

×1年12月31日

資　産	内　訳	金　額	負債・純資産	金　額
現　　　　金		1,025,800	支 払 手 形	800,000
当 座 預 金		1,100,000	買　　掛　　金	1,800,000
受 取 手 形	1,000,000		借　　入　　金	400,000
売　掛　金	2,000,000		未 払 消 費 税	180,000
貸 倒 引 当 金	60,000	2,940,000	未 払 法 人 税 等	90,000
商　　　　品		250,000	前 受 収 益	75,000
貸　付　金		500,000	資　　本　　金	6,800,000
貯　蔵　品		4,200	繰 越 利 益 剰 余 金	830,000
前 払 費 用		90,000		
未 収 収 益		5,000		
建　　　　物	2,000,000			
減 価 償 却 累 計 額	440,000	1,560,000		
備　　　　品	800,000			
減 価 償 却 累 計 額	300,000	500,000		
土　　　　地		3,000,000		
合計		10,975,000	合計	10,975,000

※1　決算整理事項等の仕訳

	借方科目	金　額	貸方科目	金　額
①	雑　　　　　　　損	3,000	現　金　過　不　足	3,000
②	仮　　受　　金	100,000	売　　掛　　金	100,000
③	貸 倒 引 当 金 繰 入	12,000	貸　倒　引　当　金	12,000
④	仕　　　　　　　入 繰　越　商　品	260,000 250,000	繰　越　商　品 仕　　　　　　　入	260,000 250,000
⑤	仮　受　消　費　税	780,000	仮　払　消　費　税 未　払　消　費　税	600,000 180,000
⑥	減　価　償　却　費	140,000	建物減価償却累計額 備品減価償却累計額	40,000 100,000
⑦	受　取　地　代	75,000	前　受　地　代	75,000
⑧	未　収　利　息	5,000	受　取　利　息	5,000
⑨	貯　　蔵　　品	4,200	通　　信　　費	4,200
⑩	前　払　保　険　料	90,000	保　　険　　料	90,000
⑪	法人税, 住民税及び事業税	150,000	仮　払　法　人　税　等 未　払　法　人　税　等	60,000 90,000

※2　③　貸倒引当金繰入：（¥1,000,000＋［¥2,100,000－¥100,000］）×2％－¥48,000＝¥12,000

　　　⑥　建物減価償却費：（¥2,000,000－¥0）÷50年＝¥40,000

　　　　　備品減価償却費：（¥800,000－¥0）÷8年＝¥100,000

　　　⑦　前受地代：¥300,000×3ヵ月/12ヵ月＝¥75,000

　　　⑧　未収利息：¥500,000×4％×3ヵ月/12ヵ月＝¥5,000

　　　⑩　前払保険料：¥270,000×6ヵ月/18ヵ月＝¥90,000

※3　当期純利益¥350,000は，繰越利益剰余金の額に含められている。

【監修】

岩﨑　健久（帝京大学経済学部教授）

【編集】

金子　善行（帝京大学経済学部准教授）

【執筆者】

西山　一弘（帝京大学経済学部准教授）　**担当：**第14章〜第21章

増田　里香（帝京大学経済学部准教授）　**担当：**第5章〜第8章，第10章〜第11章

坂内　　慧（帝京大学経済学部助教）　**担当：**第1章〜第4章，第9章，第12章〜第13章

簿記原理トレーニング

2023年3月25日　第1版第1刷発行
2024年8月10日　第1版第3刷発行

監　修　岩　﨑　健　久
編　集　金　子　善　行
発行者　山　本　　継
発行所　㈱中　央　経　済　社
発売元　㈱中央経済グループ
　　　　パ ブ リ ッ シ ン グ

〒101-0051　東京都千代田区神田神保町1-35
電話　03（3293）3371（編集代表）
　　　03（3293）3381（営業代表）
https://www.chuokeizai.co.jp
印刷／昭和情報プロセス㈱
製本／誠　製　本　㈱

© 2023
Printed in Japan